会社法入門

司法書士・行政書士 三浦真弘 [著]

税務経理協会

はじめに

　楽しみにしていたお出かけ。朝は晴れていたのに目的地に着いた頃から降り出した雨。傘を持っておらず，雨やどりの時間や場所もなく，「天気予報をチェックしていれば」などと悔しい思いをしたことが皆さんにもあるかもしれません。天気予報では，お天気キャスターが天候や気温，台風情報などをわかりやすく伝えてくれます。私たちはそれらの情報を聞いて，傘を持って出かけたり服を選んだりしますし，台風が近づくと早めに帰宅することもあるでしょう。このように前もって天気予報を知ることで，私たちはその先に起こりうることを予測でき，安心して暮らせるわけです。

　法律を知ることも天気予報をチェックすることと同じだと思います。法律を知っていることで，自分や家族の身を守れたり，トラブルに巻き込まれたりせずにすむことがたくさんあります。
　法律と聞くと，「難しい」「複雑だ」とか，「自分には関係ない」などと思われる方もいらっしゃるかもしれません。しかし，法律は私たちが生活するためのルールであり，本当は私たちにとって身近な話なのです。例えば，コンビニエンスストアで飲み物を買う，横断歩道で信号が青になるのを待ってから渡る，このような日常生活の一場面でも，私たちは法律のルールに従って行動していたりします。

　そして，私たちの生活には，会社の活動が密接に関連しています。食事や買い物をするお店はもちろん，自分の勤務先やお金を預けている銀行，電話，電気，ガスなどに至るまで，会社が事業として行っていることが，様々な形で私たちの生活を支えています。このような会社が活動するためのルール，特に会社の仕組みや組織，運営方法などは，「会社法」という法律によって決められていることが少なくありません。私たちの生活に身近な会社にも，法律のルー

ルが関わっているのです。

　本書では，会社の実際の活動を意識して，具体例を織り交ぜながら会社法の基礎知識を紹介します。皆さんおひとりおひとりの立場で会社法を身近に感じながら，お付き合いいただけたらと思います。

　平成27年6月

三浦　真弘

目　次

はじめに

序章　会社法の改正 …………………………………………… 1

第1章　会社とは ……………………………………………… 3
1　法律とは ……………………………………………………… 3
2　会社法の位置づけ …………………………………………… 5
3　企業（商人）の形態 ………………………………………… 5
4　会社とは ……………………………………………………… 7
5　株式会社の特徴 ……………………………………………… 8
6　会社の活動とルール ………………………………………… 11
7　会社の組織 …………………………………………………… 12
8　会社の関係者 ………………………………………………… 13
9　株主と経営者 ………………………………………………… 14
10　企業の社会的責任 …………………………………………… 15

第2章　会社の作り方 ………………………………………… 17
1　起業・創業 …………………………………………………… 17
2　株式会社設立の流れ ………………………………………… 20
3　発起設立 ……………………………………………………… 22
4　募集設立 ……………………………………………………… 28
5　設立関与者の責任 …………………………………………… 30

第3章　株式と株主 ……………………………………………… 33
1　株式市場の基礎 ………………………………………………… 33
2　株主の責任と権利 ……………………………………………… 35
3　株式の種類 ……………………………………………………… 37
4　株式の買取請求 ………………………………………………… 45
5　株 主 名 簿 ……………………………………………………… 47
6　株式の譲渡 ……………………………………………………… 49
7　株式と担保 ……………………………………………………… 54
8　自己株式の取得 ………………………………………………… 56
9　株式の併合・分割・無償割当て ……………………………… 61
10　単元株式制度 …………………………………………………… 63
11　株　　　券 ……………………………………………………… 66

第4章　機　　　関 ……………………………………………… 69
1　株式会社の機関の設計 ………………………………………… 69
2　株 主 総 会 ……………………………………………………… 73
3　取　締　役 ……………………………………………………… 82
4　取 締 役 会 ……………………………………………………… 88
5　監　査　役 ……………………………………………………… 89
6　監 査 役 会 ……………………………………………………… 93
7　会 計 参 与 ……………………………………………………… 94
8　会計監査人 ……………………………………………………… 96
9　監査等委員会設置会社 ………………………………………… 97
10　指名委員会等設置会社 ………………………………………… 99
11　役員等の損害賠償責任 ………………………………………… 101

第5章　資金調達 …………………………………………………… 107
1　資 金 調 達 ………………………………………………………… 107
2　株式の発行 ……………………………………………………… 109
3　新株予約権 ……………………………………………………… 116
4　社　　　債 ……………………………………………………… 121

第6章　会社の計算 …………………………………………………… 125
1　会計帳簿と計算書類 …………………………………………… 125
2　資本金と準備金 ………………………………………………… 131
3　剰余金の配当 …………………………………………………… 135

第7章　会社組織の見直し …………………………………………… 139
1　組織再編とは …………………………………………………… 139
2　組 織 変 更 ………………………………………………………… 140
3　合　　　併 ……………………………………………………… 142
4　会 社 分 割 ………………………………………………………… 151
5　株 式 交 換 ………………………………………………………… 160
6　株 式 移 転 ………………………………………………………… 164

第8章　会社の解散 …………………………………………………… 169
1　会社の解散と清算 ……………………………………………… 169
2　特別清算と破産 ………………………………………………… 172

第9章　持分会社 ……………………………………………………… 175
1　構成員の責任 …………………………………………………… 175
2　持分会社の種類 ………………………………………………… 176
3　持分会社と株式会社の比較 …………………………………… 176

【巻末資料】
  資料Ⅰ　株式会社定款記載例 …………………………………………… 180
  資料Ⅱ　履歴事項全部証明書記載例 …………………………………… 186

参 考 文 献 ………………………………………………………………… 191

索　　　引 ………………………………………………………………… 192

序章　会社法の改正

ニュースや新聞などで会社法が改正されたという情報を見かけますが，どのように改正されたのでしょうか。

　平成26年6月20日に会社法の改正法案が成立し，平成27年5月1日から改正された会社法の運用が始まっています。今回の改正（以下，「平成26年改正」といいます）では，大きく2つのテーマが取り上げられています。

　1つ目は，コーポレート・ガバナンスの強化です。コーポレート・ガバナンスは企業統治などと訳され，経営者に対する監視や監督などと考えられています。日本の企業では十分なコーポレート・ガバナンスが行われておらず，投資家などからその点を指摘されていました。そこで，今回の改正では，取締役会の権限を強化するため新たに監査等委員会設置会社を創設したり，社外取締役による監督機能に期待して社外取締役の要件を厳しくし，一定の会社で社外取締役を置かない場合には，置くことが相当でない理由を株主総会で説明しなければならないなど，取締役の監督を強化しています。

　2つ目は，親子会社に関する規律の整備です。親会社の株主を保護するため，一定の場合には完全親会社の株主が完全子会社の取締役などの責任追及ができる多重代表訴訟制度の創設や，一定の場合に90％以上の議決権を有する株主が他の株主から強制的に株式を取得できるキャッシュ・アウト制度の導入などが盛り込まれています。

　本書の構成は，次のとおりとなっており，必要に応じて改正内容にも触れていきます。

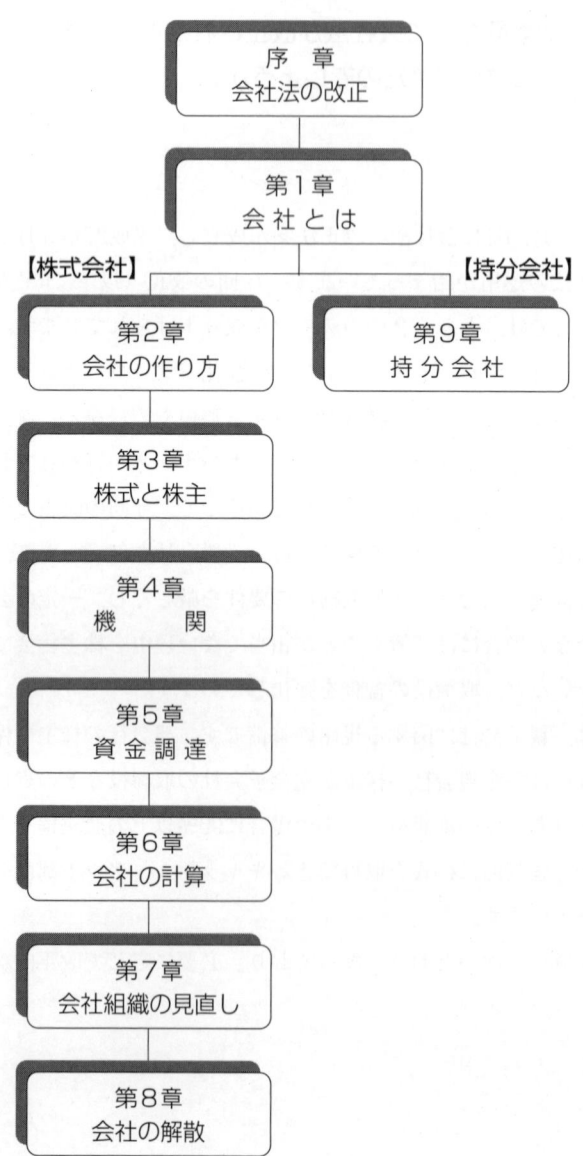

第1章 会社とは

会社のルールを決めているのはどのような法律でしょうか。また，株式会社とはどのようなタイプの会社でしょうか。

　私たちの周りにはたくさんの会社があります。会社の活動は私たちの生活と密接に関連し，様々な形で私たちの生活を支えています。これらの会社をよく見ると，「株式会社」というタイプの会社であることが多いのではないでしょうか。

　この章では，会社のルールを決めているのはどのような法律なのか，とりわけ株式会社の特徴やその関係者などを見ていきたいと思います。

1　法律とは

1．公法と私法

　まずは法律がどのようなものかを確認します。法律とは国会が作るルールで，公法と私法の大きく2つに分けられます。公法とは，国と私たち（私人）との関係を規定する法をいい，例えば憲法や行政法，刑法などがこれにあたるといわれています。これに対して，私法とは，私たちどうし（私人と私人）の関係を規定する法をいい，例えば民法や商法，会社法などがこれにあたります。これらの私法のうち，民法は，私たちどうしの間の一般的なルールについて定めていますので，私法の一般法といわれています。しかし，民法のルールがあらゆる場面で万能なわけではなく，特別な人たちの間では，その人たちにとって特別なルールを作る必要性が出てくることもあります。そこで，商人や会社といった特別な人たちの間では，商法や会社法という特別な法律（特別法）が作られて運用されています。つまり，商法や会社法は民法の特別法と位置づける

ことができます。

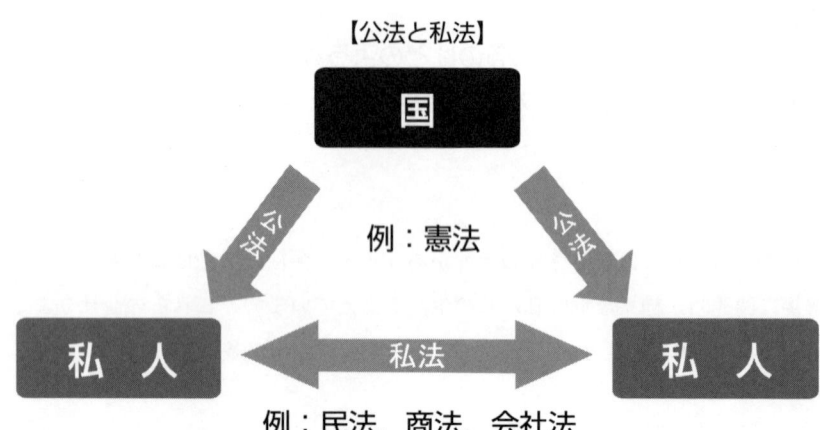

2．一般法と特別法の関係

　それでは，ある場面で，一般法である民法と特別法である商法や会社法の両方のルールがあてはまる場合，どちらのルールが優先するのでしょうか。この点，法律の世界では，「特別法は一般法に優先する」と考えられています。したがって，例えば，民法と会社法の両方のルールがあてはまる場面では，特別法である会社法のルールが優先することになるわけです。

【民法と商法，会社法】

・民法：私人と私人との間の一般的なルール　　一般法

・商法，会社法：会社などの特別なルール　　特別法
　⇩
どちらが優先？
「特別法は一般法に優先する」

2 会社法の位置づけ

　商法は商人の営業などに関する一般的なルールを定めており，会社法は商人の中でも特に会社についてのルールを定めています。つまり，会社が活動するためのルール，特に会社の仕組みや組織，運営方法などは，会社法で決められています。

　なお，会社に関するルールは，以前は商法の中に定められていましたが，平成18年5月1日から会社法として独立し，1つの法律となりました。商法や会社法が民法の特別法であることは前述のとおりですが，商法と会社法だけの関係で見ると，会社法は商法の特別法ということができます。いい換えると，会社法にルールが書かれている部分は，商法よりも会社法が優先することになります。

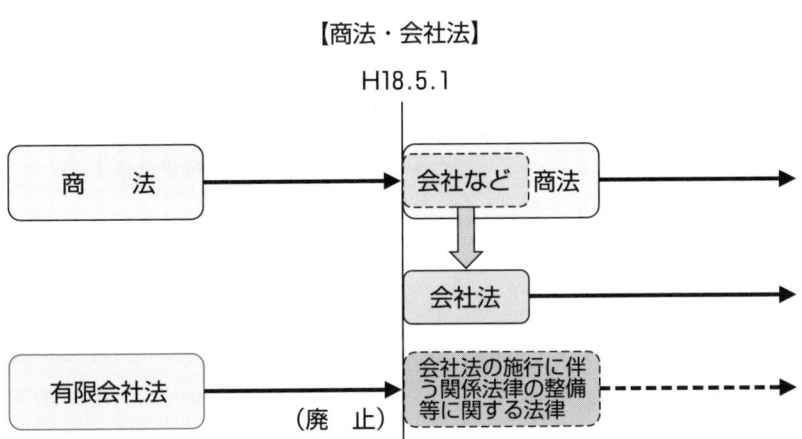

【商法・会社法】

3 企業(商人)の形態

1．企業(商人)の形態

　会社法の内容に入る前に，企業（商人）の形態について触れておきます。企

業形態の分類方法はいろいろあるかと思いますが，ここでは，実際に事業を始めるにあたってしばしば検討する形態を紹介します。

事業を始める際の最初の選択は，個人事業か法人かという点だと思われます。そして，法人で始める場合には，大きく営利法人か非営利法人かに区分されます。営利法人の代表例は，株式会社や合同会社といった会社法にルールが書かれている「会社」などで，非営利法人の代表例は，一般社団法人やNPO法人（特定非営利活動法人）などになります。

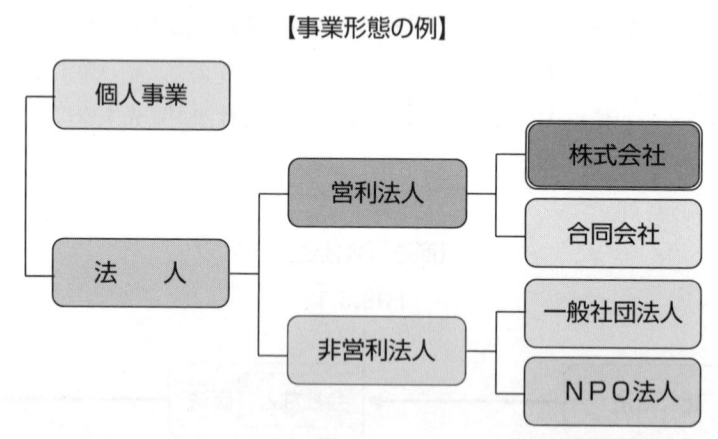

【事業形態の例】

2．営利とは

法人の分類の中で営利や非営利といった言葉が出てきましたが，これはどのような意味なのでしょうか。ここでいう「営利」とは，その法人の構成員（メンバー）に対して利益を分配できることを意味します。つまり，営利法人とは構成員に対して利益を分配できる法人をいい，非営利法人とは構成員に対して利益を分配できない法人をいいます。例えば，株式会社には株主という構成員がいますが，株式会社は営利法人ですので株主に利益（剰余金）を配当することができます。株式を持っていると定期的に利益配当（株主配当金）がもらえることがありますが，これは，株式会社が営利法人であることの表れといえま

す。

【(狭義の)営利とは】

対外的な活動を通して得た利益を構成員に分配すること

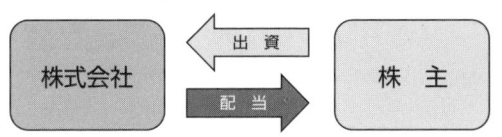

4 会社とは

　前述のとおり，会社法は会社に関するルールを定めているわけですが，会社法では具体的にどのような種類の組織を「会社」と考えているのでしょうか。この点，会社法における「会社」とは，株式会社，合名会社，合資会社，合同会社をいい，また，合名会社，合資会社，合同会社の3種類を併せて持分会社ということとされています。これらのうち，私たちにもっとも身近な「会社」は株式会社かと思いますので，本書では会社法の中でも株式会社のルールを中心に確認し，第9章で持分会社のルールや株式会社との比較を簡潔に解説することにします。

　ちなみに，有限会社という種類の会社を聞いたことがあるかもしれませんが，現在，新たに有限会社を設立することはできません。これは，平成18年5月1日の会社法の施行（スタート）に合わせて，有限会社について定めた有限会社法が廃止されたためです。もっとも，有限会社法廃止の時点で既にあった有限会社は，そのまま活動を続けることができます。ただし，「特例有限会社」などと呼ばれ，株式会社の特別な形として存続することになっています。そのため，現在存続している有限会社は，基本的には会社法のルールに従って運用されていますが，別の法律（会社法の施行に伴う関係法律の整備等に関する法律）で株式会社とは異なる特別なルールが定められている部分もあります。

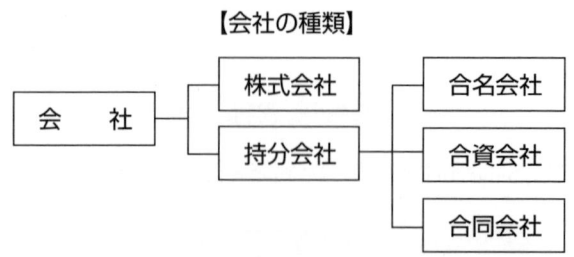

5 株式会社の特徴

1．営利社団法人

　株式会社は，営利社団法人であるといわれています。つまり，利益を構成員に分配することができ，法人格（法人としての人格）がある団体であることになります。法人格があるということは，法人自体に個人とは別の人格が与えられていることを意味します。株式会社には株主や，取締役といった役員が必要となりますが，1人の個人が株主や役員を兼ねて株式会社を運営していたとしても，その個人と株式会社とは，法律上は別の存在ということになります。

　例えば，株式会社が銀行から融資を受けて事業を行っていたときに，仮に株式会社がその借入金を返済できなくなったとします。この場合，お金を借りているのは株式会社という法人であり，株主などとは別の人格です。そのため，株主などがその借入金について連帯保証人などになっていない限り，原則として株主などは返済する責任を負わないことになります。

　なお，この考え方を突き詰めていくと，法人と株主が別の人格であることをいいことに株主が法人格を悪用し，株主が法人を支配して自分の道具のように扱うことも考えられます。そこで，一定の場合には例外的に法人格を否定して，法人と支配している株主を一体として見るような考え方が裁判所によって認められることもあります。このような考え方を「法人格否認の法理」といいます。

> **プラスα：法人格否認の法理**
>
> 　法人格否認の法理は，大きく2つに分けて考えられることがあります。1つは，法人格の濫用がある場合です。これは，会社の法人格を意のままに利用している株主が，違法や不当な目的のために会社の法人格を濫用しているようなケースです。もう1つは，法人格が形骸化されている場合です。これは，一人会社のように会社が実質的に個人企業と認められ，会社と株主の業務や財産などの区別がついておらず，株主総会などの組織を全く無視しているようなケースです。

2．株式の発行

　株式会社は株式を発行しています。世の中では「株」といわれることが多く，皆さんにはその呼び名の方がなじみ深いかもしれません。株式は，株式会社に出資したり株式を買ったりすると手に入れることができます。株式を保有して株式会社を構成している人（会社なども含む），つまり株式会社の構成員のことを株主といいます。

3．株主有限責任の原則

　株主は，出資した額（引受価額）を限度として責任を負うこととされています（会法104）。これを株主有限責任の原則といいます。例えば，100万円を出資して株式の発行を受けた人は，原則として，出資した100万円を限度として責任を負うことになります。仮に株式会社が多額の借金を抱えて倒産した場合でも，株主が借金の連帯保証人などになっていない限り，出資した100万円を手放すことで，基本的には株主としての責任は果たしたことになります。

4．株式会社の資本

　前述のとおり，株式会社では株主有限責任が採用されていますので，株式会社の債権者（株式会社にお金を貸している人たちなど）は，会社の財産から返済を受けなければならないことになります。そのため，株式会社の債権者としては，会社の財産がむやみに外部に流出するのを防ぐ必要があります。そこで株式会社では，一定金額以上の会社財産を保有することが義務づけられています。これを資本制度といいます。

　詳細は第6章で解説しますが，株式会社には資本金や準備金といった会社で保有することが義務づけられている金額があります。また，株式会社が株主に利益を配当する場合には，純資産額（資本金や準備金などの合計額）が300万円以上でなければならないといったルールが決められています。

　資本金や準備金が会社の判断のみで勝手に減少できるとすると債権者が不利益を受けることになります。そこで，会社が資本金や準備金を減少する場合には，原則として債権者に異議を述べる機会を与えたりしています。

5．株式会社の活動範囲

　株式会社は法律によって法人格を与えられています。そのため，法律に従って活動しなければならないのはいうまでもありません。

　では，法律以外に株式会社の活動は制限されるのでしょうか。詳細は第2章で解説しますが，株式会社は会社のルールを決めた定款を作ることになっており，その定款の中に「目的」を定めることとされています。「目的」とはいわば会社の事業内容であり，会社の活動範囲はこの「目的」によっても制限されることになります。

　ちなみに定款は，株式会社の設立にあたって発起人（設立後の株主）が作り，会社の設立後は原則として株主がその内容を変更できることになっています。つまり，会社の「目的」は株主が定めたものであり，会社は株主が認めた範囲で事業活動を行えると考えることもできます。

6 会社の活動とルール

　株式会社の設立や組織，運営方法など，つまり株式会社が活動するための最低限のルールは，主に会社法やその関係法令によって定められています。ここで，会社法と関係する法令について，少し細かく解説します。

1．法　　律
　法律は国会で作られるルールです。会社法に関係する法律としては，商法や会社法の施行に伴う関係法律の整備等に関する法律（いわゆる整備法）などが挙げられます。

2．政　　令
　政令は内閣で作られるルールです。会社法に関係する政令としては，会社法施行令などが挙げられます。

3．省　　令
　省令は各省の大臣が定めるルールで，会社法の場合には法務省が取り扱っています。会社法に関係する省令としては，会社法施行規則，会社計算規則，電子公告規則などが挙げられます。
　ちなみに，会社法の条文の中に「法務省令で定める」といった表現が出てくることがあります。これは，その部分のルールは法律ではなく省令で定めることを意味しており，会社法が会社法施行規則などにルール作りを委任していることになります。

7　会社の組織

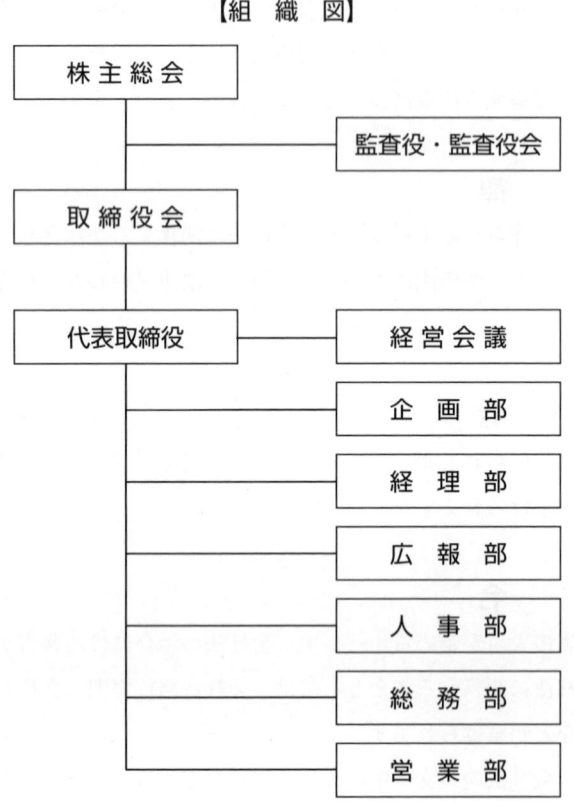

【組　織　図】

1．会社の部署

　株式会社を運営するためには，様々な役割の人たちが必要になります。例えば，事業内容の企画を行う企画部，帳簿の作成や管理などを行う経理部，会社のPR活動などを行う広報部，社員やアルバイトの採用などを担当する人事部など，役割ごとに専門的な部署を置いている会社は少なくありません。

2．会社法の機関

このような会社の組織図の中にも，会社法と関係のある内容が盛り込まれています。例えば，（代表）取締役，監査役といった人たちは役員と呼ばれており，その役割や責任などが会社法で決められています。また，株主総会や取締役会，監査役会などの会議も，メンバーや運営方法などのルールが会社法に書かれています。なお，詳細は第4章で解説しますが，これらの人や会議を会社法では「機関」と呼んでいます。

8 会社の関係者

株式会社の活動に関係する人たちについて，会社法を中心に人ごとに整理してみます。

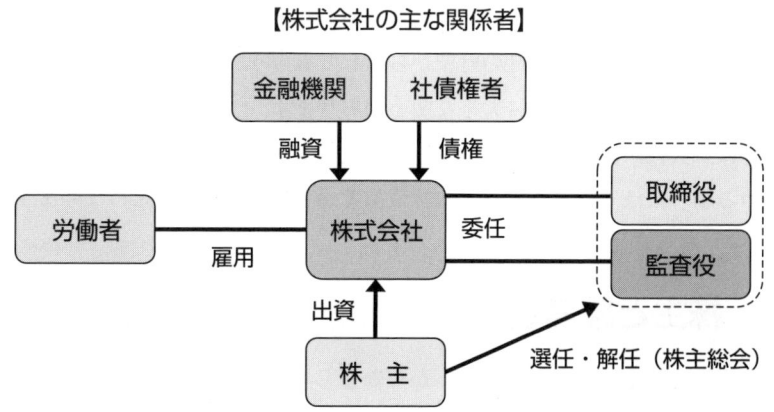

【株式会社の主な関係者】

1．労働者と役員

最初に，会社の労働者（従業員）と，取締役や監査役といった役員の違いについて確認しておきます。

労働者は一般的に会社と雇用関係にあり，会社とは雇用契約（労働契約）で結ばれています。そして，労働者は会社（使用者）の指揮監督のもとで労働し，

賃金（給与など）を受け取ります。

　これに対して，取締役や監査役は会社と委任関係にあり，会社とは委任契約で結ばれています（会法330）。取締役や監査役の役割や義務などは後述しますが，いわば会社の経営（取締役）やそのチェック（監査役）の能力を見込まれて，会社からそれぞれの役割を任されているような人たちといえます。そのため，取締役や監査役は，労働の対価として賃金をもらうわけではなく，一般的には委任の内容に応じた役員報酬を受け取ることになります。

2．その他の関係者

　その他の関係者としては，株主や金融機関，社債権者などが挙げられます。

　株主は出資者という立場で株式会社と関わります。前述のとおり，株主は株式会社の構成員として重要な役割を担っています。

　また，会社が銀行などの金融機関から融資を受けて事業を行っている場合には，金融機関は債権者という立場で会社と関わります。前述のとおり，金融機関は会社に貸したお金を会社の財産から返してもらうことになります。そのため，会社の活動や業績などに大きな関心があります。

　さらに，会社が社債（会社法のルールに従った借入金のようなもの）を発行している場合には，社債を保有する社債権者が会社と関わることになります。

9　株主と経営者

　株式会社は多くの出資者（株主）から資金を集めて事業を行うことを前提としていますが，全ての株主が会社の経営に詳しいわけではありません。そこで，会社の経営はその専門家である取締役に任せ，株主は取締役を選んだり（選任），辞めさせたり（解任）することを通して，株式会社をコントロールするような体制が採られています。これを「所有と経営の分離」といいます。

　もっとも，中小企業などは株主と取締役が同じ人であること，つまり所有と経営が一致していることが多いのが現実です。そのため，全ての株式会社で所

有と経営が分離されているわけではありません。

10 企業の社会的責任

　会社のホームページなどをみると，CSR（Corporate Social Responsibility）という文字が目に入ることがあるかと思います。このCSRは，「企業の社会的責任」などと訳されており，最近，特に注目されています。会社が事業活動を行うだけでなく，社会の一員として社会にどのように貢献できるかを意識していることの表れであるといえます。

　例えば，会社の事業基盤を生かして被災地支援を行ったり，移動図書館の展開，自然エネルギーの普及に取り組んだりする会社もあるようです。

第2章　会社の作り方

株式会社を作って事業を始めようと考えています。どのようなことを決めて，どのような流れで手続を進めればよいでしょうか。

第1章では会社法の位置づけ，株式会社の特徴や関係者などを確認しましたが，本章から会社法の具体的な内容に入っていきます。当然のことですが，株式会社として事業を始めるためには，株式会社を作らなければなりません。本章では，株式会社を設立するための一般的なルールや流れなどを解説します。

1　起業・創業

前述のとおり，これから事業を始めようとする場合，様々な事業形態で行うことが考えられます。例えば，皆さんがこれまでの経験で身につけた知識を生かして，自分で事業を始めようと考えたとします。一言で事業といっても，様々な業種や業態があります。カフェやレストランなどの飲食店，雑貨やアクセサリーなどの販売店，最近特に注目されている医療や介護・福祉関係，ホームページ制作からアプリ，ソフトウェア開発などのIT関係，資格や技術を活用した各種ビジネスなど，私たちの生活の場面だけでもいくつもの事業が思い浮かびます。また，その事業の顧客は個人か法人か，事業を始める際の費用はどのくらいかかりそうか，将来的にどのくらいの規模で活動したいか，なども人それぞれ違いがあると思います。これらの内容によっても，企業形態の選択肢が異なってきます。

具体的には，事業を始める際の費用をおさえて気軽にスタートしたい場合には個人事業という形態が向いています。個人事業の場合には，法人形態と異なり法人を作る作業がありません。場合によっては税務署などへ開業届を提出す

るだけで事業を始められるという手軽さがあります。法人の場合には一般的に法務局での登記手続が必要となりますので，個人事業の方が時間的な部分でも有利といます。

　これに対して，法人の場合には，個人事業と比べて手間や費用などがかかる反面，法律のルールに従って法人を作りますので，一般的に個人事業よりも信用力が高くなるというメリットが考えられます。また，事業のスタイルなどによっても法人の選択肢は広がってきます。例えば，営利法人で事業を行う場合には，会社どうしの取引が中心で，多くの利益を出して会社の規模を大きくしていきたいのであれば株式会社が向いているでしょうし，コンパクトなスタイルでメンバーどうしのつながりを重視したいのであれば合同会社という形態もあり得ます。非営利法人の場合には，自分たちの事業に賛同する会員を増やしてビジネスを行うのであれば一般社団法人を選ぶことがありますし，行政との連携や信頼性を重視するのであればNPO法人といった選択肢も考えられるところです。

　個人事業にしても法人形態にしてもそれぞれメリット，デメリットが考えられますので，自分の事業計画などと照らし合わせながら検討されるとよいでしょう。

【法人と個人事業】

	法人（株式会社を例に）	個人事業
法 人 格	あり	なし
事業開始	登記手続などが必要	手続が簡易
設立費用	最低約20万円〜	最低0円〜
本人の責任	株主は有限責任	事業主は無限責任
課税関係	法 人 税	所 得 税
信 用 力	一般的に高い	一般的に低い
融　　　資	㈱日本政策金融公庫の融資申込みでは大きな違いは特になし(※)	

（※）　http://www.jfc.go.jp/n/finance/sougyou/sogyou01.html より。

【参考　各法人の比較(1)】

	株式会社	一般社団法人	NPO法人
法人区分	営利	非営利	非営利
事業内容	収益	収益・共益・公益	公益
設立要件	準則	準則	認証
発起人・社員	1人以上	設立時2人以上	10人以上
役員	取締役1人以上	理事1人以上	理事3人以上 監事1人以上
設立期間	1〜2週間程度	1〜2週間程度	5〜6か月程度
定款認証	必要	必要	不要

【参考　各法人の比較(2)】

	株式会社	一般社団法人	NPO法人
メリット	・社会的な信用力が高い傾向にある。	・NPO法人などと比べて設立の時間が少なくてすむ。	・社会的な信用力が高い傾向にある。 ・税務上の優遇措置がある。
デメリット	・設立に一定の費用負担が必要となる。	・他の法人と比べて社会的な信用力が劣る可能性がある。	・設立までに時間がかかる。 ・毎年，所轄庁に届出などが必要となる。

【参考　NPO法人の活動】

①　保健，医療または福祉の増進を図る活動
②　社会教育の推進を図る活動
③　まちづくりの推進を図る活動
④　観光の振興を図る活動
⑤　農山漁村または中山間地域の振興を図る活動
⑥　学術，文化，芸術またはスポーツの振興を図る活動
⑦　環境の保全を図る活動
⑧　災害救援活動
⑨　地域安全活動
⑩　人権の擁護または平和の推進を図る活動
⑪　国際協力の活動
⑫　男女共同参画社会の形成の促進を図る活動
⑬　子どもの健全教育を図る活動
⑭　情報化社会の発展を図る活動
⑮　科学技術の振興を図る活動
⑯　経済活動の活性化を図る活動
⑰　職業能力の開発または雇用機会の拡充を支援する活動
⑱　消費者の保護を図る活動
⑲　上記の活動を行う団体の運営または活動に関する連絡，助言または援助の活動
⑳　上記の活動に準ずる活動として都道府県または指定都市の条例で定める活動

2　株式会社設立の流れ

1．株式会社の設立

　前述のとおり，事業を始めるにあたっては様々な事業形態が考えられます。中でも株式会社を設立して事業を開始するケースが多いように思われます。そこで株式会社の設立について，詳しく解説することにします。

2．発起人と定款

株式会社を設立するためには，設立の企画者である発起人が定款を作らなければなりません（会法26①）。定款は，その会社の事業内容や組織などの基本的なルールを定めたもので，その重要性から，「会社の憲法」などともいわれています。

なお，株式会社の設立手続は発起人が中心となって行いますが，発起人がどのような権限を持っているのかについては諸説あります。一般的には，発起人の権限は設立自体を目的とする行為に限られると考えられています。

> **プラスα：発起人の権限**
>
> | 問題の所在 | 発起人の権限は，どのような範囲まで及ぶか。
（発起人が行った行為について，その効果をどこまで設立後の会社に帰属させられるか。） |
> |---|---|
> | 判　例 | 会社設立自体に必要な行為のほかは，開業準備行為※といえどもこれをなしえず，ただ原始定款に記載されその他厳重な法定要件を充たした財産引受などが例外的に許されているにすぎない（最判昭38.12.24）。 |
>
> ※　開業準備行為：会社設立後に会社が使用する営業所を借り入れるなど，設立後の営業自体に向けた準備行為。

3．株式会社設立の方法

株式会社の設立には，発起設立と募集設立の2つの方法があります。

(1) 発起設立

設立にあたって会社が発行する株式（例：100株）の全部（例：100株）を発起人が引き受けて，会社を設立する方法です。

(2) 募集設立

設立にあたって会社が発行する株式（例：100株）のうち，一部（例：80株）を発起人が引き受け，残りの部分（例：20株）は引受人を募集して会社を設立する方法です。

3 発起設立

前述のとおり，株式会社の設立には2つの方法がありますが，中小企業を中心に発起設立の方法が多用されています。そこで，まずは発起設立の流れについて解説します。

【発起設立】
定款の作成，公証人の認証

株式の引受け，出資

設立時役員等の選任

設立時取締役等の調査

設立時代表取締役の選定（取締役会設置会社の場合）

設立登記申請（株式会社成立）

1．定款を作る

前述のとおり，株式会社を設立するには，発起人が定款を作らなければなりません。定款の記載（記録）内容は，次のように大きく3つに分けられています。

(1) 絶対的記載事項（会法27）

　絶対的記載事項とは，定款に必ず記載（記録）しなければならず，記載（記録）がないと定款自体が無効となる事項をいいます。

> ① 目的：事業内容
> ② 商号：社名
> ③ 本店の所在地：本店を置く地域
> ④ 設立に際して出資される財産の価額またはその最低額
> 　　：設立の段階の出資金の額など
> ⑤ 発起人の氏名または名称及び住所：発起人の情報

（注）これらのほか，会社成立のときまでに，定款で発行可能株式総数（会社が将来的に株式を何株発行できるかという限度枠）を定めなければならない（会法37①）。

(2) 相対的記載事項（会法28）

　相対的記載事項とは，定款に記載（記録）がなくても定款自体が無効となることはないが，定款に定めておかないとその効力が認められない事項をいいます（変態設立事項）。なお，発起人は定款に以下の事項を定めたときは，次頁の2.の公証人の認証後遅滞なく，これらの事項を調査させるために，裁判所に検査役を選ぶ申立てをしなければなりません（会法33①）。ただし，①，②については，定款に記載（記録）された価額の総額が500万円を超えない場合や，市場価格のある有価証券であって一定の金額を超えない場合，定款に記載（記録）された価額が相当であることについて弁護士や公認会計士，税理士などの証明を受けた場合には，検査役の調査は不要となります（会法33⑩）。

> ① 現物出資：現金以外の財産を出資する場合
> ② 財産引受：会社の成立後に会社が財産を譲り受ける場合
> ③ 発起人の報酬など：発起人が報酬を受ける場合
> ④ 設立費用：会社が負担する設立費用

(3) 任意的記載事項

任意的記載事項とは，定款に記載（記録）しておかなくてもよいが，会社が特に定款で定めた事項をいいます。

（例）　株主名簿の基準日，株主総会の議長など

２．公証人の認証を受ける

作成した定款について，公証役場で公証人の認証を受けます（会法30①）。

３．株式を引き受けて出資する

発起人は，設立時に発行する株式を引き受けた後，遅滞なく，引き受けた株式について出資をします（会法34①）。

> **プラスα：見せ金による払込み**
>
> 　見せ金は，出資の払込みを仮装するために利用される方法の１つです。具体的には，発起人が払込みのための資金を第三者から借りて会社に払い込み，会社成立後に取締役に就任した発起人がそれを引き出し，自分の借入金の返済にあてるような方法です。この見せ金は，外形上，出資の形を整えただけであり，有効な払込みとはいえないものと考えられています（最判昭38.12.6）。
>
>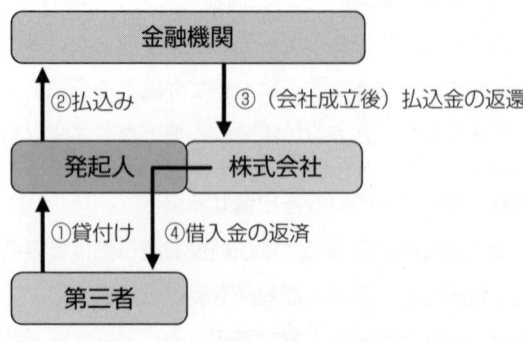

4．設立時の役員を選ぶ

　発起人は出資をした後，遅滞なく，定款の内容に応じて，設立時の役員（設立時取締役，設立時監査役など）を選びます（会法38①）。なお，定款で設立時の役員を定めている場合には，その内容になります。

5．設立時の役員が調査する

　設立時取締役や設立時監査役は，その選任後遅滞なく，出資が完了していること，株式会社の設立手続が法令や定款に違反していないことなどを調査します（会法46①）。

6．設立時の代表取締役を選ぶ

　取締役会を置く会社では，設立時取締役の過半数の決定により設立時代表取締役を選びます（会法47①）。なお，取締役会を置かない会社では，発起人が選ぶ，定款で定めるなどの方法で，設立時代表取締役を決めることになります。

7．設立登記を申請する

　株式会社は，本店の所在地を管轄する法務局に設立登記をすることによって成立します（創設的効力，会法49）。これにより，株式会社が法人として誕生し（法人格の取得），3.で出資された現金などは株式会社の財産となります。また，発起人は設立時発行株式の株主となり，設立時の役員は，取締役，監査役，代表取締役など正式な役員となります。

> **プラスα：登　記**
>
> 　会社は一定の情報を法務局に登録しなければなりません。このように登録することを登記といいます。登記された内容は公開されており，法務局やインターネットを利用して誰でも確認することができます。
>
> 　株式会社の設立登記では，以下の内容を登記しなければなりません（会

法911③)。また，登記された内容に変更があった場合には，原則として2週間以内に本店の所在地を管轄する法務局で，変更の登記をしなければなりません。

① 目的
② 商号
③ 本店，支店の所在場所
④ 株式会社の存続期間や解散の事由の定款の定めがあるときはその定め
⑤ 資本金の額
⑥ 発行可能株式総数
⑦ 発行する株式の内容（種類株式発行会社は，発行可能種類株式総数，発行する各種類の株式の内容）
⑧ 単元株式数の定款の定めがあるときはその単元株式数
⑨ 発行済株式の総数，その種類及び種類ごとの数
⑩ 株券発行会社であるときはその旨
⑪ 株主名簿管理人を置いたときはその氏名または名称及び住所，営業所
⑫ 新株予約権を発行したときは新株予約権の数などの一定の事項
⑬ 取締役（監査等委員会設置会社の取締役を除く）の氏名
⑭ 代表取締役の氏名，住所（指名委員会等設置会社を除く）
⑮ 取締役会設置会社であるときはその旨
⑯ 会計参与設置会社であるときはその旨，会計参与の氏名または名称及び計算書類の備置場所
⑰ 監査役設置会社（監査役の監査の範囲を会計に関するものに限定する旨の定款の定めがある株式会社を含む）であるときはその旨，監査役の監査の範囲を会計に関するものに限定する旨の定款の定めがある株式会社であるときはその旨，監査役の氏名
⑱ 監査役会設置会社であるときはその旨，監査役のうち社外監査役

であるものについて社外監査役である旨
⑲　会計監査人設置会社であるときはその旨，会計監査人の氏名または名称
⑳　一時会計監査人を置いたときはその氏名または名称
㉑　特別取締役による議決の定めがあるときはその旨など一定の事項
㉒　監査等委員会設置会社であるときはその旨，監査等委員である取締役，それ以外の取締役の氏名など一定の事項
㉓　指名委員会等設置会社であるときはその旨，取締役のうち社外取締役であるものは社外取締役である旨など一定の事項
㉔　取締役会決議などによる責任免除の定款の定めがあるときはその定め
㉕　責任限定契約の締結の定款の定めがあるときはその定め
㉖　貸借対照表をインターネットで公開する場合にはそれに関する情報
㉗　公告方法の定款の定めがあるときはその定め
㉘　㉗が電子公告の場合には，掲載サイトのURLなどの情報
㉙　㉗の定めがないときは，官報を公告方法とする旨

【参考　株式会社設立の費用】

	支払先	金　額
登　記 （登録免許税）	法務局	・原則：最低15万円 ・例外：最低7.5万円（特定創業支援事業関係）
定款認証	公証役場	・電子：5万円強 ・書面：9万円強（印紙税4万円を含む）
その他		・登記簿謄本（法務局）→1通600円 ・印鑑証明書（法務局）→1通450円 ・司法書士報酬（司法書士事務所）→各事務所による

> **用語解説**
>
> | | |
> |---|---|
> | 直ちに | 時間的に一切の遅延が許されない程度。 |
> | 速やかに | できるだけ速くという程度。 |
> | 遅滞なく | 合理的な遅延は許される程度。 |
> | 直ちに＞速やかに＞遅滞なく ||

4 募集設立

次に募集設立の流れについて解説します。

【募集設立】
定款の作成，公証人の認証
⬇
発起人による株式の引受け，引受人の募集，出資
⬇
創立総会の開催（設立時役員の選任等の決議）
⬇
設立時取締役等による調査
⬇
設立時代表取締役の選定（取締役会設置会社の場合）
⬇
設立登記申請（株式会社成立）

1．定款を作る

発起設立と同様に，発起人が定款を作ります。

2．公証人の認証を受ける

　発起設立と同様に，作成した定款について，公証役場で公証人の認証を受けます。

3．株式を引き受けて出資する

　発起人は，設立時に発行する株式を引き受けた後，遅滞なく，引き受けた株式について出資をします。

4．引受人を募集する

　募集設立の場合には，発起設立と異なり，発起人が株式を引き受けるほかに，株式の引受人を募集することになります。株式を引き受けようとする者は，この募集に対して申込みをします（会法59③）。そして，発起人は申込みに対して割当てを行い（会法60①），株式の引受人は発起人が定めた出資金の払込期日または払込期間内に，割り当てられた内容に従って出資をします（会法63①）。

5．創立総会を開く

　募集設立の場合には，発起人は，4.の出資金の払込期日または払込期間の経過後遅滞なく，創立総会（設立時の株主による総会）を招集し，開催しなければなりません（会法65①）。創立総会では，設立時役員の選任や必要に応じて定款変更などの決議を行います（会法66）。

6．設立時の役員が調査する

　発起設立と同様に，設立時取締役や設立時監査役は，その選任後遅滞なく，出資が完了していること，株式会社の設立手続が法令や定款に違反していないことなどを調査します（会法93①）。

7．設立時の代表取締役を選ぶ

　発起設立と同様に，取締役会を置く会社では，設立時取締役の過半数の決定

により設立時代表取締役を選びます。なお，取締役会を置かない会社では，設立時代表取締役は，発起人が選んだり，定款で定めるなどの方法で決めることになります。

8．設立登記を申請する

発起設立と同様に，株式会社は，本店の所在地を管轄する法務局に設立登記をすることによって成立します（創設的効力）。

5 設立関与者の責任

株式会社が設立されたものの，例えば，定款の絶対的記載事項に記載漏れがあったり，定款に公証人の認証がないような場合には，設立する株式会社の株主や取締役，監査役などは，一定期間内に設立無効の訴えを提起することができます（会法828）。

また，出資された財産などの価額が著しく不足していたり，関係者が設立の任務を怠った場合には，発起人や設立時取締役などは，その損害を賠償する責任を負います（会法52，53など）。

【設立の無効】

無効原因の具体例	・定款の絶対的記載事項が欠落している。 ・定款に公証人の認証がない。 ・創立総会が開催されていない。など
提訴期間	会社成立の日から2年以内
提訴権者	設立する株式会社の株主，取締役，監査役等に限定
無効判決の効力	・当事者だけでなく第三者にも効力が及ぶ（対世効）。 ・遡及効がなく，将来に向かってのみ無効とする。

【設立関与者の責任】

発起人	・出資された財産等の価額が不足する場合の責任 ・出資の履行を仮装した場合の責任 ・設立の任務を怠ったことによる損害賠償責任 ・株式会社不成立の場合の責任
疑似発起人※	・発起人と同一の責任
設立時取締役	・出資された財産等の価額が不足する場合の責任 ・出資の履行を仮装した場合の責任 ・設立の任務を怠ったことによる損害賠償責任
設立時監査役	・設立の任務を怠ったことによる損害賠償責任

※ 疑似発起人：募集設立における設立時発行株式の引受人の募集にあたり，募集の広告などに自己の名前や株式会社の設立を賛助する旨の記載を承諾した者（会法103④）。

第3章　株式と株主

株式を購入して株主になろうと思っているのですが，株式とはどのようなものなのでしょうか。また，株主はどのようなことができて，どのような責任があるのでしょうか。

株式会社には，発行した株式を保有する株主がおり，株主には様々な権利や義務があります。また，株主はその株式を保有し続けることができますが，場合によってはその株式を第三者に譲り渡すということも認められています。その他，株主のニーズを満たすため，会社が現在の株式とは異なる種類の株式を発行することもできます。本章では，株式や株主についての基本的なルールとそのバリエーションを解説します。

1　株式市場の基礎

1．上場とは

　私たちはどのようにすれば株式（株）を手に入れられるのでしょうか。おそらく，証券会社を通して，上場会社の株式を購入する方法が一般的かと思います。

　一定の基準を満たした株式会社は，株式を上場することができます。上場とは，自社の株式を証券市場（マーケット）で自由に売買できるようにすることをいいます。会社の株式を上場して株式を欲しいという人が増えれば，株式の価値は高まることになります。その結果，会社の価値も高まることが予想され，会社はより多くの資金を得やすくなるでしょう。また，上場により会社の知名度が上がったり，従業員のモチベーションアップにつながったりすることも考えられます。このように株式を上場することで，会社にとって様々なメリットがもたらされる可能性があります。

現在では，証券市場が幅広くなっており，例えば，東京証券取引所では，市場第一部（いわゆる東証一部上場）や市場第二部のほか，マザーズ，JASDAQなど成長企業向けの市場も用意されています。

【証券市場】

証券取引所	東京，名古屋，福岡，札幌
東京証券取引所の市場	・市場第一部 ・市場第二部 ・マザーズ ・JASDAQ ・TOKYO PRO Market

２．株式投資の利益

　利益を得る目的で資金を投入することを投資と呼んでいますが，現在，様々な金融商品を購入して投資することができます。中でも私たちに身近なのは株式投資かと思います。現在は証券会社に登録することで，インターネットなどを通して，手軽に株式を売ったり買ったりすることができます。

　投資は自己責任で行うわけですが，株式を購入する目的として，何らかの利益を得たいと考える人は多いでしょう。株式投資により得られる代表的な利益は，次のように考えられています。

【株式投資の利益】

キャピタルゲイン	株価の変動によって得る利益。 (例) 1株100円で購入した株式が1株1,000円に値上がりした段階で売却した場合の利益
インカムゲイン	株主の権利として受け取る利益。 (例) 株式の配当金など
株主優待	会社が株主に対して，保有する株式数に応じて，自社の関連商品などを提供する制度。 (例) 割引券，優待券，オリジナルグッズなど

2 株主の責任と権利

1．株主有限責任の原則

前述のとおり，株式会社では株主有限責任の原則が採用されています。株主有限責任の原則とは，株主は保有する株式の引受価額（出資額）を限度として責任を負うとする原則をいいます。

2．株主の権利

株主は，原則として，①剰余金の配当（利益配当）を受ける権利，②残余財産の分配（会社が解散した時の財産の分配）を受ける権利，③株主総会における議決権，④その他会社法で認められた権利を持つこととされています（会法105①）。ただし，①と②の権利の全部を与えない定款の定めは認められません（会法105②）。

株主の権利は，自益権と共益権，単独株主権と少数株主権といった視点から分類することができます。なお，個別の権利の詳細は，各項目で解説します。

(1) 自益権と共益権

自益権とは，株主が会社から直接経済的な利益を受けることができる権利を

いいます。例えば、剰余金配当請求権、残余財産分配請求権、株式買取請求権などが挙げられます。

これに対して共益権とは、株主が会社の経営に参加する権利をいいます。例えば、議決権や株主総会決議取消請求権、株主総会招集権といった株主総会関係、株主代表訴訟を提起する権利などが挙げられます。

【自益権と共益権】

自益権	株主が会社から直接経済的な利益を受けることができる権利。 （例） 剰余金配当請求権、残余財産分配請求権、株式買取請求権など
共益権	株主が会社の経営に参加する権利。 （例） 議決権、株主総会決議取消請求権、株主代表訴訟提起権、株主総会招集権など

(2) **単独株主権と少数株主権**

単独株主権とは、1株以上を持つ株主であれば誰でも行使することができる権利をいいます。例えば、自益権や株主総会の議決権、株主総会決議取消請求権、株主代表訴訟の提起権などが挙げられます。なお、株主代表訴訟の提起権は、公開会社の株主の場合、6か月前から引き続き株式を保有する株主が対象となっており、注意が必要です。

これに対して少数株主権とは、会社の総株主の議決権数のうち、一定数以上を保有する株主だけが行使することができる権利をいいます。例えば、株主総会招集権、会計帳簿閲覧権、株主提案権などが挙げられます。なお、公開会社における株主総会招集権や株主提案権などは、6か月間という株式の保有期間が必要となります。

【単独株主権と少数株主権】

単独株主権	１株以上を持つ株主※1であれば誰でも行使することができる権利。 （例）　自益権，議決権，株主総会決議取消請求権，株主代表訴訟提起権など
少数株主権	会社の総株主の議決権数のうち，一定数以上を保有する株主※2だけが行使することができる権利。 （例）　株主総会招集権，会計帳簿閲覧権，株主提案権など

※1　一定の保有期間が必要となる場合もある。
※2　保有株式数だけでなく，一定の保有期間が必要となる場合もある。

3．株主平等原則

　株式会社では，株主平等原則が採用されています。株主平等原則とは，株主は保有する株式の内容及び数に応じて，平等に取り扱われるとする原則をいいます（会法109①）。いい換えると，全ての株主を一律に平等に取り扱うわけではなく，株式の内容や数に応じて平等に取り扱うということです。

　例えば，株主総会で１株につき１個の議決権が認められる場合，１株を持っている株主Aと100株を持っている株主Bでは，AとBの株式が同じ種類であれば，基本的にはBの議決権の数がAの100倍になるということです。

　ただし，一定の場合には株主ごとに異なる取扱いをすることも認められています。詳細は ③ の4.で紹介します。

③　株式の種類

　株式会社は，定款で，発行する株式の一部を異なる種類の株式（種類株式）としたり，発行する株式の全部に特別の定めをすることができます。

【株式の内容】

	内　　容	会社法の規定
異なる種類の株式（種類株式）	内容の異なる2以上の種類の株式を発行する定め	・配当優先（劣後）株式 ・残余財産分配優先（劣後）株式 ・議決権制限株式 ・譲渡制限株式 ・取得請求権付株式 ・取得条項付株式 ・全部取得条項付種類株式 ・拒否権付株式 ・役員選任権付株式（例外あり）
株式の内容についての特別の定め	発行する全部の株式を対象とする定め	・譲渡制限株式 ・取得請求権付株式 ・取得条項付株式

1．異なる種類の株式（種類株式）

　株式会社は，定款で定めることにより，発行する株式の一部について，異なる種類の株式を発行することができます（会法108①）。会社法では，異なる種類の株式として9種類の株式が定められています。例えば，2種類の株式を発行する場合には，①配当優先株式，②譲渡制限株式とすることもできますし，①通常の株式（いわゆる普通株式），②配当優先株式＋議決権制限株式などと組み合わせた内容とすることもできます。

　株式会社が種類株式を発行する場合には，定款で，発行可能株式総数（会社が将来的に何株発行できるかという限度枠）とは別に，発行可能種類株式総数（それぞれの種類株式を将来的に何株発行できるかという限度枠），発行する各種類の株式の内容を定めなければなりません（会法108②）。

　なお，通常の株主をメンバーとする総会を株主総会というのに対して，種類株式を保有する株主をメンバーとする総会を種類株主総会といいます。

第3章　株式と株主

【発行可能種類株式総数】

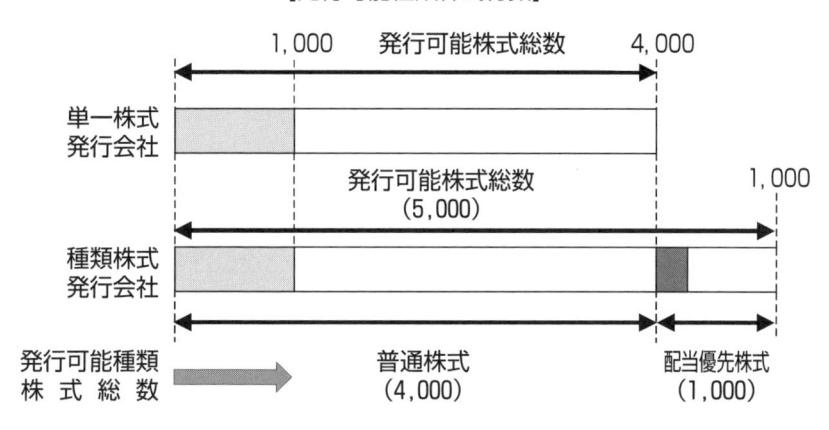

```
                1,000    発行可能株式総数    4,000
単一株式
発行会社

              発行可能株式総数
                (5,000)                    1,000
種類株式
発行会社

発行可能種類    普通株式              配当優先株式
株 式 総 数    (4,000)              (1,000)
```

(1) 配当優先(劣後)株式

　剰余金の配当（利益配当）について，他の種類の株式より優先する（後れる）株式です（会法108①一）。

（例）

「① 当会社は，毎年〇月〇日の最終の株主名簿に記載または記録されたA種類株式を有する株主（以下「優先株主」という。）またはA種類株式の登録株式質権者（以下「優先登録株式質権者」という。）に対し，普通株式を有する株主（以下「普通株主」という。）または普通株式の登録株式質権者（以下「普通登録株式質権者」という。）に先立ち，A種類株式1株につき年〇円の剰余金（以下「優先配当金」という。）を配当する。

② ある事業年度において優先株主または優先登録株式質権者に対して支払う剰余金の配当の額が，優先配当金の額に達しないときは，その不足額は，翌事業年度以降に累積しない。

③ 優先株主または優先登録株式質権者に対しては，優先配当金を超えて剰余金の配当は行わない。」

(2) 残余財産分配優先(劣後)株式

　残余財産の分配について，他の種類株式より優先する（後れる）株式です（会法108①二）。

（例）

　「当会社は，残余財産の分配を行うときは，Ａ種類株式を有する株主またはＡ種類株式の登録株式質権者に対し，普通株式を有する株主または普通株式の登録株式質権者に先立ち，Ａ種類株式１株につき金〇円を支払う。」

(3) 議決権制限株式

　株主総会での議決権の行使が制限される株式です（会法108①三）。一定の場合を除き議決権の行使が全く認められない株式を完全無議決権株式といいます。

（例）

　「Ａ種類株式を有する株主（以下「Ａ種類株主」という。）は，法令に別段の定めがある場合を除き，当会社の株主総会において議決権を有しない。ただし，Ａ種類株主は優先配当金を受ける旨の議案が定時株主総会に提出されないときはその総会より，その議案が定時株主総会において否決されたときはその総会の終結のときより優先配当金を受ける旨の決議があるときまでは議決権を有する。」

(4) 譲渡制限株式

　株式の譲渡による取得について，株式会社の承認を必要とする株式です（会法108①四）。

（例）

　「当会社のＡ種類株式を譲渡により取得するには，取締役会の承認を要する。」

(5) 取得請求権付株式

　株主が株式会社に対して，株式を取得するように請求することができる株式です（会法108①五）。

（例）

「A種類株式を有する株主は，A種類株式の発行に際して取締役会の決議で定めるA種類株式の取得を請求することができる期間中，当会社がA種類株式を取得するのと引換えにA種類株式1株につき普通株式1株を交付することを請求することができる。」

(6) 取得条項付株式

株式会社が一定の事情が生じたことを条件として株式を取得することができる株式です（会法108①六）。

（例）

「当会社は，取締役会決議で定める一定の日に，A種類株式1株につき当会社の普通株式1株と引換えに，A種類株式の全部または一部を取得することができる。なお，一部取得をするときは，按分比例の方法または抽選により行う。」

(7) 全部取得条項付種類株式

株式会社が株主総会の決議によって，その種類の株式の全部を取得することができる株式です（会法108①七）。

（例）

「当会社が発行するA種類株式は，当会社が株主総会の決議によってその全部を取得できることをその内容とする。なお，会社法第171条第1項第1号に規定する取得対価の価額は，当該決議時の当会社の財務状況を踏まえて定める。」

(8) 拒否権付株式

株主総会などで決議する事項について，この種類の株主総会（種類株主総会）の決議も必要とすることができる株式です（会法108①八）。対象となっている決議事項について，株主総会などの決議で承認が得られても，この種類株

主総会で否決されれば決議が成り立ちません。そのため，この種類の株式を保有する株主が実質的な拒否権を持っていることになります。

(例)

「当会社が次に定める事項を法令または定款で定める決議機関において決議するときは，当該決議のほか，A種類株式を有する株主を構成員とする種類株主総会の決議を要する。
1　代表取締役の選定
2　会社法第309条第2項に掲げる株主総会決議事項」

(9) 役員選任権付株式

この種類の株式を保有する株主をメンバーとする種類株主総会において，取締役，監査役を選ぶことができる株式です（会法108①九）。なお，指名委員会等設置会社及び公開会社は，この株式を発行することができません。

(例)

「A種類株式を有する株主を構成員とする種類株主総会において，取締役〇名，監査役〇名を選任する。」

(10) 種類株主総会の決議を不要とする定め

種類株式発行会社が株式の併合や分割，合併，会社分割などを行う場合に，ある種類の株式の種類株主に損害を及ぼすおそれがあるときは，原則として，その種類の株式の種類株主をメンバーとする種類株主総会の決議がなければ，その効力が生じないこととされています（会法322①）。ただし，ある種類の株式の内容として，このような種類株主総会の決議を不要とする旨を定款で定めることができます（会法322②）。

(例)

「当会社が，会社法第322条第1項各号に掲げる行為をする場合においては，法令に別段の定めがある場合を除くほか，A種類株式を有する株主を構成員とする種類株主総会の決議を要しない。」

2．種類株式の活用例

(1) 配当優先株式と議決権制限株式

　配当優先株式と議決権制限株式をセットにした種類株式です。この種類の株式を保有する株主は，配当が優先される代わりに議決権が制限されることになります。そのため，一般的には配当が優先されている限り，株主総会に参加できないような内容になっていることが多く見受けられます。株主はなるべく多く配当をもらいたいと考え，会社は経営にはなるべく口を出してほしくないと考えるとすると，見方によっては株主と会社のお互いのニーズを満たしているともいえます。上場会社などでは頻繁に利用されており，この2種類をベースに残余財産分配優先株式や取得請求権付株式などを追加している会社も見られます。

(2) 事業承継対策

　主に中小企業の事業承継対策として種類株式を活用することがあります。中小企業の場合，現在の経営者がその会社の株式の大半を保有しているケースが多々あります。その場合，万一経営者が亡くなられると，経営者の持つ株式は相続の対象となり，その会社の株式が相続人に分散することになります。そこで，例えば，会社があらかじめ普通株式と議決権制限株式（必要に応じて配当優先株式をセット）を発行し，経営者が遺言で，後継者になる相続人には普通株式を，他の相続人には議決権制限株式を相続させるといった方法を採用することもあります。

(3) 株主の総入れ替え

　全部取得条項付種類株式を活用して，株主の総入れ替えを行うことがあります。例えば，スポンサーから出資を受けて会社の再建を行う場合に，現在の株主にはその地位を退いてもらい，新たに出資をするスポンサーが全ての株式を保有するといったケースです。おおまかな流れとしては，現在の株式を全部取得条項付種類株式とする定款変更などを行い，ある日をもってその全部取得条

項付種類株式を取得するという決議をします。そして，スポンサーの出資の日を全部取得条項付種類株式の取得日と同じ日にし，現在の株主から株式を取得するのと同時に，スポンサーの出資を受けてスポンサーに新たに株式を発行すれば，株主の総入れ替えができるわけです。

3．株式の内容についての特別の定め

　株式会社は，定款で定めることにより，発行する全部の株式について，特別の定めをすることができます（会法107①）。前述の1.は2種類以上の株式を発行する内容ですが，これは発行する全部の株式について特別の定めをすることになります。会社法では，次の3種類の定めが認められています。

(1) 譲渡制限株式

　1.の(4)のように，ある種類の株式だけを譲渡制限株式とするだけでなく，発行する全部の株式を譲渡制限株式とすることもできます（会法107①一）。なお，詳細は第4章で解説しますが，このように発行する全部の株式が譲渡制限株式の株式会社を，一般的に非公開会社と呼んでいます。
　（例）
　「当会社の株式を譲渡により取得するには，当会社の承認を要する。」

(2) 取得請求権付株式

　1.の(5)のように，ある種類の株式だけを取得請求権付株式とするだけでなく，発行する全部の株式を取得請求権付株式とすることもできます（会法107①二）。
（例）
「当会社の株主は，次の定めに従い，当会社に対して当該株主の有する株式を取得することを請求することができる。
　①　取得と引換えに株主に交付する財産の内容及び額
　　　取得の請求があった株式を取得するのと引換えに交付する財産は，金銭とし，当該株式1株につき金〇円を交付する。

② 取得請求が可能な期間
　　平成○年○月○日から平成○年○月○日までとする。」

(3) 取得条項付株式

　1.の(6)のように，ある種類の株式だけを取得条項付株式とするだけでなく，発行する全部の株式を取得条項付株式とすることもできます（会法107①三）。
（例）
「当会社は，最終の貸借対照表における分配可能額が金○円を超えたときは，当会社の株式の一部につき，次に定める金銭と引換えに取得する。
① 取得と引換えに株主に交付する財産の内容
　　株式を取得するのと引換えに交付する財産は，金銭とし，当該株式1株につき交付する金銭の額は，上記剰余金の額を発行済株式総数で除した金額（1円未満の端数が生じた場合には，端数を切り捨てる。）とする。
② 取得する株式の一部の決定方法
　　株主が所有する株式数に10分の1を乗じた数とする。」

4．株主ごとに異なる定め

　前述のとおり，株式会社では株主平等原則が採用されていますが，非公開会社では，①剰余金の配当を受ける権利，②残余財産の分配を受ける権利，③株主総会における議決権について，株主ごとに異なる取扱いを行うことを定款で定めることができます（会法109②）。なお，このような定款の定めがある場合には，権利の違う株主の株式を，内容の異なる株式と捉えて，種類株式のルールなどに従うこととされています（会法109③）。

4 株式の買取請求

1．株式買取請求権

　株式会社は自社の発展などのために様々なことを行います。時には株主に

とって不利になるような定款変更を行うこともあるかもしれません。そのような場合には，一般的には株主総会の決議などが必要となりますが，決議といっても通常は多数決で行われます。多数の株主が賛成すれば承認され，反対する株主は全く守られないことになります。そこで，一定の場合には，会社が行う定款変更などに反対する株主は，保有する株式を公正な価格で会社に買い取ってもらうことを請求することができます（会法116①）。これを株式買取請求権といいます。

例えば，次のような場合に，一定のルールのもと，株式買取請求権が認められます。

　ア　発行する全部の株式を譲渡制限株式とする定款の変更をする場合
　イ　ある種類の株式を譲渡制限株式または全部取得条項付種類株式とする定款の変更をする場合
　ウ　株式の併合や株式の分割，株式無償割当て，単元株式数についての定款変更などを行う場合において，ある種類の株式（種類株主総会の決議を不要とする定めがある場合）を有する種類株主に損害を及ぼすおそれがあるとき

2．株式買取請求が認められる株主

株式買取請求が認められる株主は，次のように分けられています（会法116②）。

(1) 株主総会や種類株主総会の決議を行う場合

その株主総会で議決権を行使することができる場合には，株主総会に先立って今回の定款変更などに反対する旨を会社に通知し，かつ，その株主総会においてその行為に反対した株主に買取請求が認められます。

一方，その株主総会で議決権を行使することができない場合には，上記の通知などを行うことなく，株主に買取請求が認められます。

(2) (1)以外の場合

全ての株主に買取請求が認められます。

5 株主名簿

1．株主名簿

株式会社は，株主名簿（株主の名簿）を作らなければなりません（会法121）。会社法では，株主名簿に次の内容を記載（記録）するように定められています。

> ① 株主の氏名または名称及び住所
> ② ①の株主の保有する株式の数（種類株式を発行する会社では，株式の種類及び種類ごとの数）
> ③ ①の株主が株式を取得した日
> ④ 株式会社が株券を発行している場合は，②の株式の株券の番号

2．株主名簿管理人

後述のとおり，株主に変動があると株主名簿の名義書換が行われることになります。しかし，上場会社など株主が多数いるような場合には，毎日のように多数の株主が変動することもあり，会社で株主名簿の管理を行うことは大きな負担となることも考えられます。そこで株式会社は，株主名簿の作成や備置き，その他の株主名簿に関する事務を行う者を置くことを，定款で定めることができます。このような事務を行う者を株主名簿管理人といいます（会法123）。

株主名簿管理人は，株式会社から委託を受けて，一定の範囲でその会社の株主名簿に関する事務を取り扱うことになります。この事務の中には，株主名簿の名義書換業務も含まれています。

なお，東京証券取引所への上場のルールでは，東京証券取引所に認められた株主名簿管理人（株式事務代行機関）を置くこととされています。

3．基 準 日

　例えば，株主総会を開催する場合，原則として会社は，その株主総会で議決権を行使することができる株主に対して，株主総会の招集通知（株主総会を開催するという案内）を発しなければなりません。そうすると，上場会社など日々株主が変動するような会社の場合には，誰に対して通知をすべきかが，いつまでも決まらないということもあり得ます。そこで，「今回の株主総会で議決権があるのは，3月31日現在の株主名簿に記載のある株主である」というように，ある一定の日で株主を固定することができます。この「3月31日」のことを基準日，基準日に株主名簿に記載（記録）されている株主のことを基準日株主といいます（会法124①）。

　基準日を定める場合には，株式会社は，どのような権利を基準日の対象とするのか，基準日株主が行使することができる権利（基準日から3か月以内のものに限る）の内容を定めなければなりません（会法124②）。

　また，株式会社が基準日を定めたときは，その基準日の2週間前までに，基準日や基準日株主が行使することができる権利として定めた内容を公告（定款で定めた方法に従い公表すること）しなければなりません（会法124③）。ただし，定款に基準日や基準日株主の権利の内容について定めがあるときは，公告は不要です。

【基準日制度】

基準日　　　　　　　　　定時株主総会

　　　　　　　　3か月

① 基準日を定める場合
　　基準日株主が行使することができる権利（基準日から3か月以内に行使するものに限る）の内容の定めが必要
　　（例）　定時株主総会における議決権
② 基準日を定めたとき
　　原則：基準日の2週間前までに公告
　　例外：定款で基準日及び①の内容について定めた場合

4．株主名簿の閲覧等

株式会社は、株主名簿をその本店（株主名簿管理人を置いた場合には、その営業所）に備え置かなければなりません（会法125①）。そして、株主や債権者は、株式会社の営業時間内はいつでも、理由を明らかにして、次の請求をすることができます（会法125②）。また、株式会社（子会社）の親会社の社員は、その権利を行使するため必要があるときは、裁判所の許可を得た上で、理由を明らかにして子会社の株主名簿について次の請求をすることができます。

ア　株主名簿が書面で作られているときは、その書面の閲覧（見る）または謄写（コピーする）の請求

イ　株主名簿がデータなどで作られているときは、表示されたものの閲覧または謄写の請求

6　株式の譲渡

1．株式譲渡自由の原則

株主は、原則として、株式会社に出資した財産の払戻しを受けることができません。しかし、その会社の株主を辞めたくなったり、持っている株式をお金に換えなければならない状況になったりすることもあると思います。そのため、株主が会社に出資した財産を回収する手段を認めておく必要があるわけです。

そこで、会社法では、出資した財産の払戻しに代わる方法として、原則として、株式を自由に売ったりすることができる、つまり自由に譲渡できることが認められています。これを株式譲渡自由の原則といいます（会法127）。

なお、後述のとおり、株式の譲渡に一定の制限がかかる場合もあります。

2．株式譲渡と対抗要件

株式譲渡の方法は、その会社が株券を発行しているかどうかなどにより異なります。

また、株式を譲り受けた場合に、自分がその株式の持ち主であることをア

ピールできることも必要となります。例えば，Aが株式を譲り受けて保有している場合に，Bから「それは私の株式である」と言われたとします。Aが会社法などのルールに従って株式を取得したのであれば，Aとしては「自分の株式である」と反論したいところです。このようにAが，Bやその他の第三者に対して自分の権利などを主張できることを「対抗」といい，対抗するために必要となる備えのことを「対抗要件」といいます。

株式譲渡の方法とその対抗要件を整理すると，次のようになります。

(1) 株券を発行していない場合

(ア) 原　　則

株券を発行していない株式会社では，株式の譲渡は，原則として当事者の意思表示によって効力が生じます。例えば，株式を売る（売買する）場合には，売り手の「売ります」という意思，買い手の「買います」という意思の一致によって，株式の譲渡が行われることになります。

また，株式の譲渡により新たに株主になった場合，自分が株主になったことをその株式会社や第三者に対抗するためには，原則として株主名簿の名義書換が必要となります（会法130①）。

(イ) 株式振替制度を利用している場合

株式振替制度は，「社債，株式等の振替に関する法律」でそのルールが決められており，会社法の例外のような位置づけになっています。上場会社は株式振替制度を利用しており，株式の譲渡や株主名簿の書換えなどの場面で，(ア)の会社と方法が異なることになります。株式振替制度では，株主は証券会社などの口座管理機関に口座を持ち，そこで管理される振替口座簿の内容により，株式を保有する仕組みとなっています。

(2) 株券を発行している場合

株券を発行している株式会社では，株式の譲渡にあたって，当事者の意思表示のほかに，株券の交付（受渡し）も必要となります（会法128①）。

また，自分が株主であることをその株式会社に対抗するためには，株主名簿の名義書換が必要となります（会法130②）。

なお，詳細は後述しますが，その株式会社以外の第三者への対抗要件は，株券の占有（保有）となります。

4．譲渡制限株式の発行

前述のとおり，株主は保有する株式を，原則として自由に譲渡することができます（株式譲渡自由の原則）。しかし，無制限に株式の譲渡を認めると，場合によっては会社にとって好ましくない者が株主に入ってくる可能性もあり，会社の経営に影響を及ぼすことも考えられます。そこで，株式の譲渡による取得について会社が関与するために，定款で株式の譲渡制限規定を設けることが認められています。このような株式は，一般的に譲渡制限株式と呼ばれています。例えば，上場していない多くの中小企業では，発行する全部の株式について，定款で「当会社の株式を譲渡により取得するには，取締役会の承認を受けなければならない。」などといった規定を設けています。

もっとも，譲渡制限株式であっても，絶対に譲渡ができないということではありません。上記の例でも，譲渡による取得について取締役会の承認が必要ということであり，取締役会の承認が得られれば，株式を譲渡することができます。また，仮に承認が得られない場合でも，一定の要件を満たすことにより，会社や会社の指定する者に，株式を買い取ってもらうことが認められています。

なお，株式譲渡の承認の判断は，原則として，取締役会を置かない株式会社では株主総会，取締役会を置く会社では取締役会が行うことになります。ただし，定款で定めることにより，代表取締役などが承認の判断をすることも認められています。

(1) 株式譲渡の承認請求

例えば，X株式会社の株主であるAが，株主ではないBに株式を譲渡したいと考えたとします。X株式会社の株式には，「当会社の株式を譲渡により取得

するには，取締役会の承認を受けなければならない。」という譲渡制限規定が設けられています。この場合，株主AはX株式会社に対して，Bへの譲渡について承認するかどうかを決めるように請求することができます（会法136）。

また，既にBがAからX株式会社の譲渡制限株式を取得している場合には，BはAと共同して，X株式会社に対して譲渡制限株式を取得したことについて承認するかどうかを決めるように請求することができます（会法137）。

なお，X株式会社がこのような請求を受けたとしても，必ずしもAからBへの株式の譲渡を承認するとは限りません。このような場合に備えてAやBは，譲渡承認請求の際に，仮にX株式会社が譲渡を承認しない場合にはX株式会社またはX株式会社の指定する者がその株式を買い取るように請求することも認められています。

(2) 譲渡承認の決定

(1)の請求を受けたX株式会社では，AからBへの譲渡について承認するかどうかを取締役会で検討します。そして，取締役会で譲渡を承認する決定をした場合には，譲渡承認請求をした者に対して，その内容を通知することになります（会法139②）。

なお，X株式会社が一定の期間内に，会社法のルールに従った通知をしない場合には，譲渡承認請求を承認する決定をしたものとみなされることがあります（会法145）。例えば，AまたはBの譲渡承認請求から2週間以内に，X株式会社が決定した内容の通知をしない場合などが，これにあたります。

(3) 譲渡を承認しない場合

X株式会社がAからBへの譲渡を承認せず，譲渡承認請求の際に，譲渡を承認しない場合にはX株式会社またはX株式会社の指定する者がその株式を買い取るように請求されていた場合には，これらの者が，対象となっている譲渡制限株式を買い取ることになります。

(ｱ) 会社が買い取る場合

　　X株式会社が対象となっている譲渡制限株式を買い取る場合には，対象となっている株式を買い取ること，買い取る株式の数について株主総会で決議します（会法140①②）。なお，この株主総会では，譲渡承認請求をした株主Aは，原則として議決権を行使することができません（会法140③）。

　　これらの内容が決まった場合には，譲渡承認請求をした者に対して，その内容を通知しなければなりません（会法141①）。

(ｲ) 指定買取人が買い取る場合

　　X株式会社は取締役会の決議などで，対象となっている譲渡制限株式の全部または一部を買い取る者（指定買取人）を指定することができます（会法140④）。この場合には，指定買取人が対象となっている株式の全部または一部を買い取ることになります。指定買取人が指定を受けたときは，譲渡承認請求をした者に対して，指定買取人として指定を受けたこと，買い取る株式の数について通知しなければなりません（会法142①）。

【譲渡承認手続】

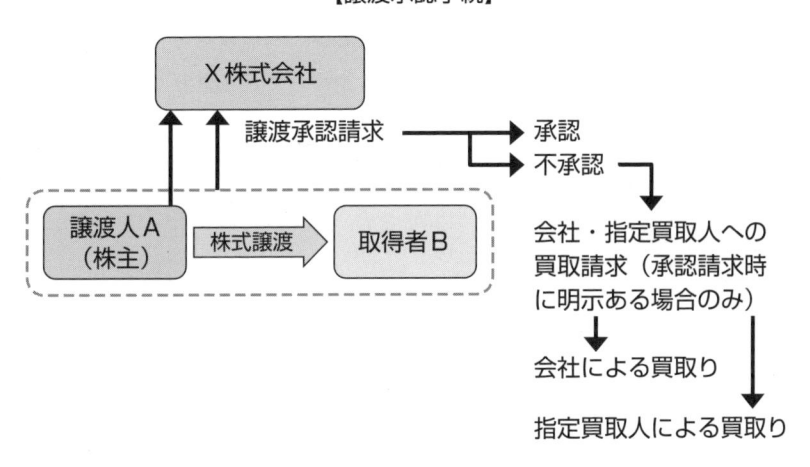

譲渡人A（株主） ─株式譲渡→ 取得者B

譲渡承認請求 → X株式会社 → 承認／不承認

不承認 → 会社・指定買取人への買取請求（承認請求時に明示ある場合のみ） → 会社による買取り／指定買取人による買取り

7 株式と担保

1．担保とは
　例えば，住宅を買う場合に，銀行などの金融機関から住宅ローンを借りることがあると思います。住宅は一生で一番高い買い物ともいわれているくらいで，金融機関から何千万円という金額の融資を受けることもあり得ます。しかし，万一借り手が住宅ローンを返済できないと，金融機関にとっては大きな損失となってしまいます。そこで，一般的に金融機関は，借り手の買った住宅に抵当権などを設定します。これによって，万一借り手が住宅ローンを返済できなくなった場合には，金融機関は裁判所に競売の申立てをすることにより，この住宅を売ることができます。そして，その代金から優先的に住宅ローンの返済が受けられるのです。こういった抵当権のような権利を担保といいます。

2．株式の質入れ
　お金を借りるにあたって株式を担保として利用することもあり，会社法などの法律でそのルールが決められています。例えば会社法には，株式を質入れする際のルールなどが書かれています。質入れとは，質屋に物を預けてお金を借りるようなイメージで，質権という担保を設定することになります。
　なお，株券を発行している会社の株式を質入れする場合には，質権を設定する者に株券を交付しなければなりません（会法147②）。

> プラスα：抵当権と質権

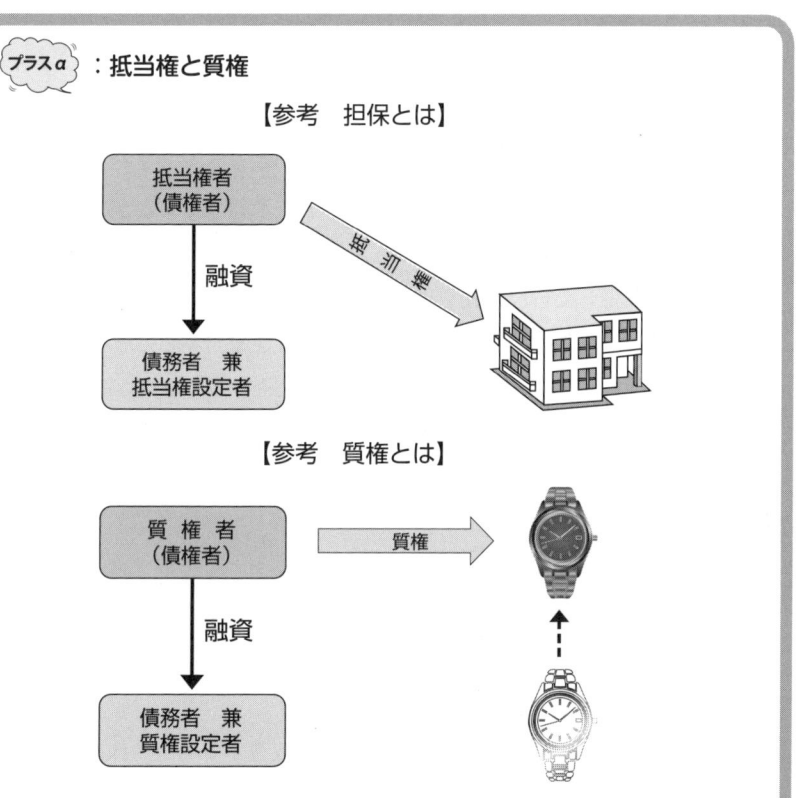

【参考　担保とは】

- 抵当権者（債権者）
  - ↓融資
  - 抵当権 →（家）
- 債務者 兼 抵当権設定者

【参考　質権とは】

- 質権者（債権者）
  - ↓融資
  - 質権 →（時計）
- 債務者 兼 質権設定者

　抵当権と質権は，物に対する担保という点では共通していますが，その性質は異なっています。

　抵当権は，債務者（お金の借り手）と不動産の所有者（持ち主）が同じ場合，その者に不動産を使わせた状態で担保に取ります。そのため抵当権を設定した債権者（お金の貸し手）は，担保の目的となっている不動産を預かったり，自らが使ったりしません。

　これに対して質権は，質権を設定した債権者が，担保の目的となっている物を預かることが必要となります。そのため，その物の所有者は，質権が設定されている間は，いったんその物を手放すことになります。

8 自己株式の取得

1．自己株式の取得

　株式会社は，原則として株主に対して出資金の払戻しをしませんが，一定のルールに従って，例外的に株主から自社の株式を取得することができます。これを自己株式の取得といいます。

　株式会社は取得した自己株式を保有し続けることができ，例えば株式を発行する場面で，新たな株式の発行に代えて自己株式を交付することもできます。なお，会社が保有する自己株式を金庫株と呼ぶことがあります。これとは逆に，一定のルールに従って自己株式を消却（廃棄）することもできます。

2．取得の方法

　株式会社において自己株式の取得は例外的な場面ですので，自己株式を取得する方法は限定されています。

(1) **株主との合意による取得**

　株式会社が株主との合意により自社の株式を取得する場合，株主を特定せずに全株主の中の希望者から取得する方法と，特定の株主から個別に取得する方法があります。

　(ア)　株主を特定せずに取得する場合（会法156）

　　　株式会社が全株主の中の希望者から自社の株式を有償で取得する場合には，あらかじめ株主総会の決議で，①取得する株式の数，②株式の取得と引換えに交付する金銭等の内容や総額，③株式を取得できる期間を定めなければなりません。

　(イ)　特定の株主から取得する場合（会法160）

　　　株式会社は(ア)の株主総会において，①から③までの内容のほか，特定の株主から株式を取得することも決議することができます。この場合には，株式会社は株主に対して，原則として，特定の株主以外に自分も売主に加

えるように請求できることを通知しなければなりません。

なお，対象となる特定の株主は，原則として(ア)の株主総会において，議決権を行使することができません。

(2) 子会社からの取得

会社法では，原則として，子会社が親会社の株式を取得することを禁止しています。仮に子会社による親会社株式の取得を認めると，親会社が自己株式取得の制約を免れるために，支配する子会社を使って親会社の株式を自由に取得させることができてしまいます。これを無制限に認めれば，親会社が子会社を使って出資金の払戻しをしているような状況になり，親会社の債権者が不利益を受けるおそれがあるためです。

もっとも，子会社がやむを得ず親会社の株式を取得してしまうことも考えられます。そこで，一定の場合には例外的に子会社による親会社株式の取得を認めています。例えば，子会社が他の会社を合併するにあたり，合併される他の会社の財産として親会社の株式があり，それを引き継ぐ場合などです。

子会社が例外的に親会社の株式を取得した場合でも，その親会社株式を相当の時期に処分しなければなりません。子会社が親会社株式を保有し続けることは望ましくないからです。

子会社による処分の方法として，親会社が引き取ることも認められています。例えば，親会社が取締役会を置いていない場合には株主総会で，取締役会を置いている場合には取締役会で，親会社が自己株式の取得に関する決議を行うことにより，簡易な手続で子会社の保有する親会社株式を取得することができます（会法163）。

【子会社から取得する方法】

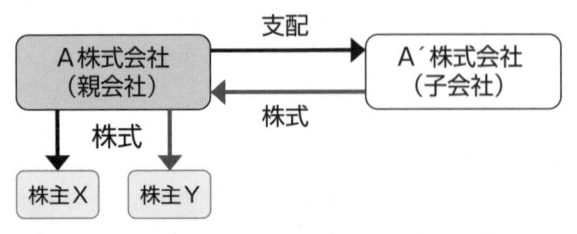

```
       支配
A株式会社  ────→  A´株式会社
（親会社）  ←────  （子会社）
    │       株式
株式│
    ▼
┌─────┐ ┌─────┐
│株主X │ │株主Y │
└─────┘ └─────┘
```

子会社による親会社株式の取得は原則として禁止
⇩
例外的に子会社が親会社株式を取得した場合，子会社は親会社株式の保有を早期に解消すべき
⇩
親会社による引取り（簡易な手続による自己株式の取得）

(3) 上場会社の株式の場合

　上場会社は，市場において行う取引や金融商品取引法に定められている公開買付の方法により，自己株式を取得することができます。

(4) その他の理由による取得

　上記のほか，次のような理由で自己株式の取得も認められています。

　(ア) 取得請求権付株式

　　取得請求権付株式の株主は，株式会社に対して，保有する取得請求権付株式を取得することを請求することができます。この場合，株式会社は取得請求権付株式を取得します。

　(イ) 取得条項付株式

　　株式会社は，あらかじめ定めた事情が生じた日に取得条項付株式を取得します。

　(ウ) 全部取得条項付種類株式

　　株式会社は，株主総会の決議で定めた日に全部取得条項付種類株式を取得します。

㈏　相続人等に対する売渡請求

　株主が死亡した場合，その株主が保有する株式は相続財産となり，相続人に引き継がれることになります。しかし，株主の相続人が会社にとって好ましい者かどうか定かではありません。そこで，株式会社は定款で，相続などによりその株式会社の譲渡制限株式を取得した者に対し，その株式を株式会社に売り渡すことを請求することができることを定めることができます（会法174）。

　株式会社がこの定款の定めに従い相続人等に対して売渡請求を行う場合には，株主総会で①売渡請求をする株式の数，②①の株式を保有する株主の氏名または名称を決議します（会法175①）。そして，一定の要件を満たした場合には実際に売渡請求を行い，株式会社が対象となっている株式を取得します（会法176①）。

【相続人等に対する売渡請求】

相続とは	人の死亡に伴い，その人の財産に属していた権利や義務などを承継させること
相 続 人	第1順位：配偶者と子 第2順位：配偶者と直系尊属 第3順位：配偶者と兄弟姉妹
相続財産	現金，預貯金，株式，不動産，自動車，借入金（借金），連帯保証人の地位など
相続人等に対する売渡請求	定款の定めに基づき，相続その他の一般承継により譲渡制限株式を取得した者に対して，その株式を会社に売り渡すことを請求することができる制度

3．取得の制限

　前述のとおり，株式会社は原則として株主に対して出資金の払戻しをすることが認められていません。そのため，会社が株主に対価を支払って無制限に自

己株式を取得できることになると，会社の財産が流出することになってしまいます。そこで，取得の方法のほかに，自己株式の取得価額などについても一定の制限が設けられています。この点，後述する剰余金の配当を行う場合と同じような制限を受けることになります。

4．自己株式の特徴

自己株式は，剰余金の配当を受けることができず，また，株主総会における議決権やその他の共益権も認められていません（会法453，308②など）。

5．自己株式の消却

特定の株式を消滅させることを株式の消却といいます。株式会社は保有する自己株式を消却することができます（会法178①）。この場合には，取締役会を置いていない株式会社では株主総会で，取締役会を置いている株式会社では取締役会で，消却する自己株式の数を決めなければなりません。

> **プラスα：特別支配株主の株式等売渡請求**
>
> 特別支配株主の株式等売渡請求とは，株式会社の総株主の議決権の10分の9以上を有する特別支配株主が，その会社の承認を得て，他の株主全員に対して，その会社の株式全部を特別支配株主に売り渡すことを請求することができる制度をいいます（会法179①）。平成26年改正により新たに創設されました。
>
> これにより，その会社の株主総会の決議を行ったり，少数株主の承諾を得ることなく，特別支配株主が少数株主から株式を取得すること（キャッシュ・アウト）が可能となります。

9 株式の併合・分割・無償割当て

1．株式の併合・分割

(1) 株式の併合・分割とは

　株式会社は，いったん発行した株式を合わせたり（会法180①），分けたりすることができます（会法183①）。株式を合わせることを株式の併合といいます。例えば，1株あたりの価値を引き上げたいときなどに，現在の2株を1株に併合したりします。

　これとは逆に，株式を分けることを株式の分割といいます。例えば，1株あたりの価値を引き下げたいときなどには，現在の1株を2株に分割することが考えられます。

(2) 必要となる決議

　株式併合を行う場合には，株主総会の特別決議が必要となります（会法180②）。決議の細かい内容は後述しますが，株主総会の決議が必要ということは，原則として各株主に開催の通知（招集通知）をし，株主から一定の賛成が得られなければなりません。特に株式併合の場合は株主総会の特別決議ですから，通常よりも重い決議が求められます。

　これに対して，株式分割の場合は，取締役会を置いている株式会社では取締役会決議で行えることになっています（会法183②）。取締役会決議のメンバーは取締役ですから，役員どうしで話し合って決めることができます。そのため，株主総会を開催するよりも会社側の負担は少なくて済むことになります。

　では，なぜ併合と分割で決議の方法が異なるのでしょうか。この違いは，株主が不利益を受けるかどうかという視点から考えるとわかりやすくなります。一般的に，株主が大きな不利益を受けたり，会社にとって重要な意思決定である場合には，株主総会の決議が求められます。これに対して，株主が特に不利益を受けなかったり，会社の活動としてスピードを重視するような場合（機動的な意思決定が必要な場合）には，取締役会決議（取締役会を置いている場

合）で対応できることが多いです。

　これを今回のケースにあてはめてみると，例えば，2株を1株とする株式併合では，10株や100株など偶数の株式を保有している株主にとっては，純粋に持株数が半分になるだけですが，仮に1株しか保有していない株主は株式併合により1株も保有することができなくなってしまいます。つまり，1株など奇数の株式を保有している株主は，株式併合によって議決権などの株主の権利を奪われてしまうことになります。そのため，株式併合では，株主の権利が大きく制限される可能性があることから，株主総会の特別決議という重い決議が必要とされているわけです。

　一方，例えば，1株を2株とする株式分割では，全ての株主の持株数が純粋に2倍になるだけですので，株主にとって特に不利益はないものと考えられており，取締役会決議で行えることとされています。

2．株式無償割当て

　株式分割と似たような内容で，株式無償割当てという制度があります。株式無償割当てとは，株式会社が現在の株主に，無償（無料）で株式を割り当てる（与える）ことをいいます（会法185）。一般的に，現在の株主にさらに株式を与える場合には，追加の出資金の払込みを求めますが，株式無償割当ては追加出資なく無償で株式を与えるのが特徴です。株式無償割当てが行われた場合には，株式分割と同じように，会社が決めた内容に従って，株主の持株数が増えることになります。

　ただし，現在株主が保有する株式と同じ種類の株式の持株数が増えるかどうかは，株式の分割と無償割当てで異なる場合があります。すなわち，株式の分割が行われた場合には，株式が分割されるだけですので，分割の対象となっている株主が保有する株式と同じ種類の株式が増えるのに対し，株式無償割当ての場合には，会社の判断により現在株主が保有する株式と異なる種類の株式を割り当てることができますので，必ずしも現在株主が保有する株式と同じ種類の株式が増えるとは限りません。

3．自己株式との関係

　株式の併合，分割，無償割当ては，自己株式との関係で注意が必要です。株式の併合や分割の場合には，自己株式も含めて一斉に併合，分割が行われるものと考えられていますが，株式無償割当ての場合には，自己株式に割当てを行うことはできません。前述のとおり，株式分割と無償割当ては似たような制度ですが，この点は大きく異なることになります。

【株式の併合・分割・無償割当ての比較】

株式併合	株式分割	株式無償割当て
2株を1株に併合	1株に2株に分割	1株に1株を割当て
↓	↓	↓ 無償で割当て

10　単元株式制度

1．単元株式制度

　株主総会では1株につき1個の議決権を有するのが原則とされています（一株一議決権の原則）。そのため，基本的には1株を保有する株主にも株主総会に出席する権利があり，株主総会開催の際には，招集の手続などを行わなければなりません。しかし，会社側からすると，少数の株式を保有する株主について管理コストなどをなるべくおさえたいといった思惑もあるでしょう。そこで，

ある一定の数の株式を1つのまとまりのように考えて（一単元），そのまとまりに対して1個の議決権を与えることが認められています。このような制度を単元株式制度といいます。

単元株式制度を利用する株式会社では，一単元の株式の数（例えば100株）を定款で定め，その一単元につき1個の議決権を与えることができます（会法188①）。これによって，例えば80株しか保有していない株主（単元未満株主）は，株主総会での議決権を持つことができず，このような株主に対しては，基本的には株主総会の招集手続などを行わなくてよいことになります。

上場会社では単元株式制度が利用されており，例えば東京証券取引所では上場会社が定める単元株式数を売買単位と考えています。なお，東京証券取引所では，現在，売買単位を100株に統一するような取組みを行っています。

2．単元株式制度の利用

新たに単元株式制度を利用するには，一単元の株式の数を定款で定めなければなりません。そのため，定款変更に関する株主総会の特別決議が必要となります。

3．単元未満株主

株式会社が単元株式制度を利用している場合に，全ての株主が常に一単元の株式の数に見合う株式を保有しているとは限りません。一単元の株式の数に満たない数の株式を保有する株主を単元未満株主といいます。会社法では，このような単元未満株主がその株式を手放したり，逆に一定の場合には株式を買い足して単元株式に見合う株式を保有できるような制度が用意されています。

(1) 単元未満株主の買取請求

前述のとおり，単元未満株主には株主総会での議決権が認められず，一定の場合にはその他の権利が制限されることもあります。このような状況では，単元未満株式を持ち続けることのメリットを感じない単元未満株主もいるかもし

れません。そこで、会社法では、単元未満株主が保有する単元未満株式について、株式会社に買い取ってもらう権利が認められています（会法192①）。例えば、一単元の株式の数が100株と定められていて、現在80株を保有する場合には、80株全部を買い取ってもらうことができます。

(2) 単元未満株式の売渡請求

一方、単元未満株主の中には、単元株式数に足りない株式を追加で購入するなどして1株主になりたいと考える者もいるかもしれません。そこで、単元未満株主は株式会社の定款に定めがあれば、株式会社に対して、単元未満株主が1株主になるために必要な株式を売り渡すように請求することができます（会法194①）。例えば、一単元の株式の数が100株と定められていて、現在80株を保有する場合には、株式会社の定款に定めがあれば株式会社から20株（100株－80株）を売り渡してもらうことができます。

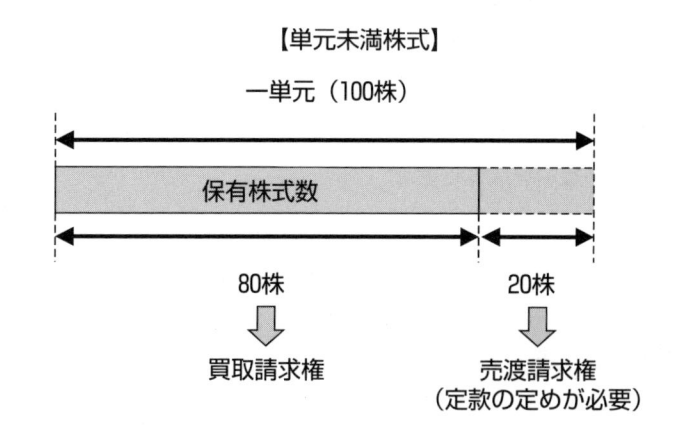

【単元未満株式】

一単元（100株）

保有株式数

80株 → 買取請求権

20株 → 売渡請求権（定款の定めが必要）

11 株券

1．株券の発行

株式と聞くと必ず株券があると考える方もいらっしゃるかもしれませんが，現在の会社法では，株券を発行しないこと（株券不発行）が原則とされています。上場会社でも株券が電子化されており，株主は株券という現物（紙）を持たずに，証券会社の口座などを通して株式を保有しています。株券を発行しないことで，株主は株券を紛失したりするおそれがなく，会社側も株券発行のコストなどの負担がなくなることになります。

例外的に株券を発行する場合には，定款で株券を発行することを定めなければなりません（会法214）。なお，株券を発行する会社を株券発行会社といいます。

2．株券発行会社の特徴

株券は株主の身分証明書のような役割を持つ書類です。株券は株式会社の株主の地位や権利を表しており，株券を保有していることでその株式についての権利があると推定されます（会法131①）。また，株券の交付を受けた者は，その株式についての権利を取得します。

このように株券は，株主であることを表す重要な書類ですから，株券を発行している会社では，様々な場面で株券の提出が必要となることがあります。

(1) 株式譲渡の方法

前述のとおり，株券発行会社では，株式の譲渡にあたって，当事者の意思表示のほかに，株券の交付も必要となります（会法128①）。

(2) 株式譲渡の対抗要件

株券発行会社の株式の譲渡を受けて，自分が株主であることをその株式会社に対抗するためには，株主名簿の名義書換が必要となります。これに対して，

その株式会社以外の第三者への対抗要件は，株券の占有（保有）となります。

(3) 株主名簿の名義書換

株券発行会社の株式の取得者は，会社に株券を提示することで，単独で株主名簿の名義書換を請求することができます。

用語解説

推定する	事実の有無などが明らかでない場合に，一応そうであると決めること。反対の証明により覆ることがある。
みなす	例えば，Aと性質の異なるBを，Aと同一のものと考えて取り扱うこと。反対の証明は認められない。

3．株券の内容

株券には，次の内容とその番号を書くことになっています（会法216）。

① 株券発行会社の商号
② その株券が表す株式の数
③ 譲渡による株式の取得について株式会社の承認を要することを定めたときはその内容
④ 種類株式を発行する会社はその株券の株式の種類及びその内容

4．株券不所持の申出

株券が発行されている株式会社では，株券を保有していることで正当な株券の所持人であると推定されます。そのため，万一株券を紛失したり盗まれたりすると，場合によっては株主の権利を失ってしまうおそれがあります。そこで，株券発行会社の株主が株券の所持を希望しない場合には，株式会社に株券を提

出してそのように申し出ることができます。これを株券不所持の申出といいます（会法217①）。

　この申出を受けた会社は，遅滞なく，申出を受けた株式について株券を発行しない旨を株主名簿に記載（記録）しなければなりません（会法217③）。そして，この株主名簿への記載（記録）がされたときに，その株券は無効となります（会法217⑤）。

5．株券喪失登録

　株券の発行を受けた株主が，実際に株券を紛失したり盗まれたりした場合には，株券を失ったということを株式会社に登録してもらうことができます。これを株券喪失登録といいます（会法223）。

　株券喪失登録がされた株券は，株券喪失登録日の翌日から1年を経過した日に無効となります（会法228①）。この場合には株券発行会社は，株券喪失登録をした者に対して，株券を再発行しなければなりません（会法228②）。

　なお，前述のとおり，株券を発行している会社の株主が株式を譲渡する場合には，当事者の意思表示のほかに，株券の交付も必要となります。

第4章 機　　　関

　取締役や監査役といった人たちは，どのように選ばれて，どのような役割を担っているのでしょうか。また，株主総会や取締役会ではどのようなことが決められているのでしょうか。

　前述のとおり，取締役や監査役は役員と呼ばれる人たちであり，労働者とは違った立場で株式会社の経営やそのチェックなどの役割を担っています。また，取締役などの役員は株主総会で選ばれ，取締役どうしが集まって取締役会を作っている株式会社もあります。会社法では，このような株式会社の組織のことを機関と呼んでいます。本章では株式会社の機関についてのルールを解説します。

1 株式会社の機関の設計

　株式会社は運営やその監督のため，会社法のルールに従って様々な役割の機関（人や会議体）を置くことができます。取締役，監査役，株主総会，取締役会などは会社法の機関にあたります。

　会社法では一定のルールはあるものの，定款で定めることにより，柔軟な機関設計を行うことができます。なお，監査等委員会や指名委員会等の委員会を置くかどうかによって会社法の機関設計の内容が大きく異なることになります。そこで本章では，これらの委員会を置かない株式会社を原則的なスタイルとして，これらの委員会を置く株式会社と分けて解説していきます。

1．原則的な機関設計のポイント

　株式会社の機関を設計するポイントは，大きく3点あります。この項目では，監査等委員会設置会社，指名委員会等設置会社を除く一般的な株式会社の機関

設計について解説します。

(1) 公開会社か非公開会社か

会社法では，発行する株式が譲渡制限株式かどうかで公開，非公開を判断します。

(ア) 公 開 会 社

公開会社とは，一部でも譲渡制限株式でない株式を発行している株式会社をいいます（会法２五）。

(イ) 非公開会社

非公開会社は会社法の用語ではありませんが，本書では公開会社以外の会社，すなわち発行する全部の株式が譲渡制限株式である株式会社をいうこととします。

(2) 大会社か中小会社か

会社法では，最終事業年度（直前の決算期）の資本金と負債（借入金など）の額を基準に，会社の規模を判断します。

(ア) 大 会 社

大会社とは，会社法上の最終事業年度における貸借対照表の資本金の額が５億円以上，または会社法上の最終事業年度における貸借対照表の負債の額が200億円以上である株式会社をいいます（会法２六）。

(イ) 中 小 会 社

中小会社は会社法の用語ではありませんが，本書では大会社以外の株式会社をいうこととします。

(3) 取締役会設置会社か取締役会非設置会社か

会社法では，会社法上の取締役会を置いているかどうかで，使われるルールが異なる場合があります。

第4章　機　　関

(ア)　取締役会設置会社

　　取締役会設置会社とは，取締役会を置く株式会社または会社法の規定により取締役会を置かなければならない株式会社をいいます（会法２７）。なお，今後，○○設置会社という表現が出てきた場合には，○○という機関が置かれている株式会社であると考えてください。

(イ)　取締役会非設置会社

　　取締役会非設置会社は会社法の用語ではありませんが，本書では取締役会を置いていない株式会社をいうこととします。

2．原則的な機関設計のルール

　それぞれの機関の役割などは後述のとおりですが，監査等委員会設置会社，指名委員会等設置会社を除く株式会社の機関設計のルールは以下のようになります。

ア　株式会社は，株主総会及び取締役を置かなければなりません（会法326①）。いい換えると，株式会社には必ず株主総会があり，1人以上の取締役がいることになります。

イ　株式会社は，定款の定めによって，取締役会，会計参与，監査役，監査役会，会計監査人を置くことができます（会法326②）。

　　取締役会があり，監査役がいる株式会社は多いと思いますが，これらを置く場合には定款の定めが必要となります。

ウ　公開会社，監査役会設置会社は，取締役会を置かなければなりません（会法327①）。

エ　取締役会設置会社は，取締役3人以上を置かなければなりません（会法331⑤）。取締役会は取締役全員（3人以上）で構成されます。

オ　取締役会設置会社は，監査役を置かなければなりません。ただし，公開会社でない会計参与設置会社は除きます（会法327②）。

カ　会計監査人設置会社は，監査役を置かなければなりません（会法327③）。

キ　公開会社である大会社は，監査役会及び会計監査人を置かなければなり

ません（会法328①）。
ク　監査役会設置会社は，監査役3人以上で，そのうち半数以上は，会社法の要件を満たした社外監査役でなければなりません（会法335③）。
ケ　公開会社でない大会社は，会計監査人を置かなければなりません（会法328②）。

3．原則的な機関設計のまとめ

監査等委員会設置会社，指名委員会等設置会社を除く株式会社の機関設計についてまとめると，次の表のようになります。

【機関設計のまとめ】

※監査等委員会設置会社，指名委員会等設置会社は除く

会社法上の区分	非公開会社 中小会社	非公開会社 大会社	公開会社 中小会社	公開会社 大会社
取締役会非設置会社	・株主総会 ・取締役1人以上	・株主総会 ・取締役1人以上 ・監査役1人以上 ・会計監査人 　1人以上	×（取締役会設置義務あり）	×（取締役会設置義務あり）
取締役会設置会社	・株主総会 ・取締役会 ・取締役3人以上 ・監査役1人以上 　　　※1	・株主総会 ・取締役会 ・取締役3人以上 ・監査役1人以上 ・会計監査人 　1人以上	・株主総会 ・取締役会 ・取締役3人以上 ・監査役1人以上	・株主総会 ・取締役会 ・取締役3人以上 ・監査役3人以上 ・監査役会 ・会計監査人 　1人以上※2

※1　監査役1人以上に代えて，会計参与1人以上を置くことも可能。
※2　監査役3人以上のうち半数以上は，会社法上の要件を満たした社外監査役であることが必要。

4．監査等委員会設置会社，指名委員会等設置会社の機関設計のルール

それぞれの機関の役割などは後述のとおりですが，監査等委員会設置会社，指名委員会等設置会社における機関設計のルールは以下のようになります。

ア　株式会社は，株主総会及び取締役を置かなければなりません。
イ　株式会社は，定款の定めによって，取締役会，会計参与，監査役，監査役会，会計監査人，監査等委員会，指名委員会等を置くことができます（会法326②）。
ウ　監査等委員会設置会社，指名委員会等設置会社は，取締役会を置かなければなりません（会法327①）。
エ　取締役会設置会社は，取締役3人以上を置かなければなりません。
オ　監査等委員会設置会社，指名委員会等設置会社は，監査役を置いてはいけません（会法327④）。
カ　監査等委員会設置会社，指名委員会等設置会社は，会計監査人を置かなければなりません（会法327⑤）。
キ　指名委員会等設置会社は，監査等委員会を置いてはいけません（会法327⑥）。

5．監査等委員会設置会社，指名委員会等設置会社の機関設計のまとめ

　監査等委員会設置会社，指名委員会等設置会社における機関設計は，監査等委員会または指名委員会等のいずれか一方のほか，株主総会，取締役（3人以上），取締役会，会計監査人を置かなければなりません。また，必要に応じて会計参与を置くことができます。

　なお，監査等委員会設置会社，指名委員会等設置会社が公開会社か非公開会社か，大会社か中小会社かにかかわらず，上記の機関設計となります。

2　株主総会

　株主総会は，株式会社の重要事項を決めるための株主をメンバーとする総会です。どのようなことを決めるのか，どのように運営するかなどの基本的なルールは会社法で決められています。

なお，公開会社かどうか，取締役会設置会社かどうかでルールが異なる場合があります。必要に応じて分けて解説していきます。

1. 権　　限

　取締役会非設置会社の株主総会では，会社法で定められている事項，株式会社の組織，運営，管理その他株式会社に関する一切の事項について決議をすることができます（会法295①）。そのため，取締役会非設置会社の株主総会は万能な機関といわれています。

　これに対して，取締役会設置会社の株主総会では，会社法で定められている事項，定款で定めた事項に限り決議をすることができます（会法295②）。

2. 招　　集

(1) 招集の時期

　株主総会には，毎事業年度の終了（決算期）後一定の時期に招集される定時株主総会と，必要に応じて招集される臨時株主総会があります（会法296①②）。

　一般的に定時株主総会は，毎事業年度の終了後3か月以内に開催されます。例えば，3月末に事業年度が終了する株式会社では，6月末までに定時株主総会を開催することになります。ニュースや新聞などでも，6月末ごろに定時株主総会が集中するといった情報を見たことがあるかもしれません。

　それでは，なぜ定時株主総会が事業年度の終了後3か月以内に開催されているのでしょうか。その理由として，前述の基準日との関係が考えられます。多くの株式会社では毎事業年度の末日を基準日と定め，定時株主総会で議決権を行使できる株主（基準日株主）を毎事業年度末日現在の株主に限定しています。そして，前述のとおり，基準日株主が行使できる権利は基準日から3か月以内のものに限られていますので，この基準日に従い定時株主総会を運営するためには，基準日である毎事業年度の末日から3か月以内に開催する必要が出てくるわけです。

　これに対して臨時株主総会は，事業を展開する中で株主総会の開催が必要と

なった場合に臨時に招集されます。

(2) **招集の決定**

取締役は，株主総会を招集するにあたって，次の事項を定めます（会法298①）。なお，1,000人以上の株主がいる株式会社では，原則として③の事項を定めなければなりません（会法298②）。

> ① 株主総会の日時，場所
> ② 株主総会の目的である事項があるときはその事項（いわゆる議題）
> ③ 株主総会に出席しない株主が書面によって議決権を行使することができる場合にはその事項（いわゆる書面投票）
> ④ 株主総会に出席しない株主がインターネットなどによって議決権を行使することができる場合にはその事項（いわゆるインターネット投票）
> ⑤ その他法務省令で定める事項

(3) **招集の通知**

株主総会を招集するには，公開会社では原則として株主総会の日の2週間前までに，各株主に書面で招集通知を発しなければなりません（会法299①）。

これに対して非公開会社では，書面投票やインターネット投票を認めた場合を除き，原則として株主総会の1週間前までに，各株主に招集通知を発することとされています（同）。なお，非公開会社のうち，取締役会設置会社では招集通知は書面でなければなりませんが，取締役会非設置会社では書面投票やインターネット投票を認めた場合を除き，招集通知が書面である必要はなく，理論的には口頭や電話で連絡する方法でも差し支えないことになります（会法299②）。

株主総会の招集通知は，上記(2)で定めた事項を内容としなければなりません。なお，書面投票やインターネット投票を認めた場合を除き，株主全員の同意がある場合には，招集の手続を行うことなく株主総会を開催することができま

す（会法300）。

(4) 株主総会参考書類と議決権行使書面

株主総会参考書類とは株主が議決権を行使する時に参考となるべき内容を記載した書類をいい，議決権行使書面とは株主が議決権を行使するための書面をいいます。

取締役は，株主総会の招集にあたり書面投票を認めた場合には，招集通知に際して，株主に株主総会参考書類，議決権行使書面を交付しなければなりません（会法301①）。

また取締役は，株主総会の招集にあたりインターネット投票を認めた場合には，招集通知に際して，株主に株主総会参考書類を交付しなければなりません（会法302①）。

例えば，株主総会の招集にあたり書面投票やインターネット投票を認めている上場会社などでは，招集通知に株主総会参考書類や議決権行使書面を同封して郵送しているのが見受けられます。

3．株主提案権
(1) 議題の提案

議題とは株主総会の目的事項をいい，例えば「取締役選任の件」などがこれにあたります。

株主は取締役に対して，一定の事項を株主総会の目的とすることを請求することができます（会法303①）。ただし，取締役会設置会社では原則として総株主の議決権の100分の1以上の議決権または300個以上の議決権を保有する株主が，公開会社ではこのような議決権を6か月前から引き続き保有する株主が，この請求をすることができます。また，この請求は，原則として株主総会の日の8週間前までにしなければなりません（会法303②③）。

取締役会設置会社では，株主総会の招集にあたって議題を決め，招集通知に記載しなければなりません。これに対して取締役会非設置会社では，招集通知

に議題を記載する必要はなく，理論的には株主が株主総会の当日に議題を提出することもできることになっています。

(2) 議案の提案

議案とは議題の具体的な中身のことをいい，例えば「Aを取締役に選任する」といった具体的な提案内容がこれにあたります。

株主は株主総会において，株主総会の目的である事項につき議案を提出することができます。ただし，その議案が法令や定款に違反する場合，また実質的に同一の議案につき株主総会において一定の賛成を得られなかった日から3年を経過していない場合は除きます（会法304）。

4．議決権の行使

(1) 一株一議決権の原則

株主は，株主総会において，原則として保有する株式1株につき1個の議決権があるものとされています（会法308①）。これを一株一議決権の原則といいます。

(2) 例　　外

一株一議決権の原則の例外としては，前述の議決権制限株式や自己株式，単元株式などが挙げられます。

また，相互保有株式についても議決権の行使が認められない場合があります。相互保有株式とは，お互いに株式を保有し合っているような状態をいいます。例えば，X株式会社とY株式会社がある場合に，X株式会社がY株式会社の株式を，Y株式会社がX株式会社の株式をそれぞれ持ち合っているような状態です。このような相互保有株式について，ある株式会社（X株式会社）が他の株式会社（Y株式会社）の総株主の議決権の4分の1以上を保有することなどを通してその経営を実質的に支配している場合には，他の株式会社（Y株式会社）が保有している株式会社（X株式会社）の株式については議決権がない

こととされています（会法308①かっこ書き）。具体的には，Y株式会社の総株主の議決権の4分の1以上の株式を保有しているX株式会社は，Y株式会社の株主総会に出席して議決権を行使することができますが，X株式会社の株式を保有しているY株式会社は，X株式会社の株主総会に出席して議決権を行使することはできないということになります。

　その理由は，Y株式会社には正常な議決権の行使が期待できないことにあるといわれています。すなわち，Y株式会社はX株式会社に総株主の議決権の4分の1以上を保有されており，X株式会社に実質的に支配されている状態です。そのため，仮にY株式会社がX株式会社の株主総会に出席して議決権を行使できたとしても，X株式会社の意向に従って議決権を行使する可能性があり，X株式会社の株主総会が適正に運営できなくなるおそれがあるからです。

【相互保有株式】

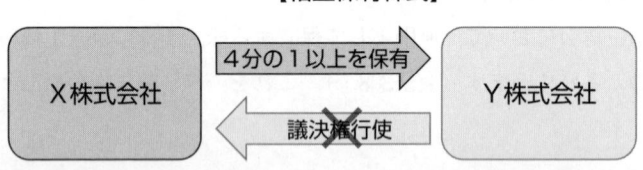

X株式会社 ⇄ Y株式会社
（4分の1以上を保有／議決権行使✕）

X株式会社
発行済株式総数：10,000株
＜株主＞
Y株式会社：1,000株
その他数名：9,000株

Y株式会社
発行済株式総数：1,000株
＜株主＞
X株式会社：400株
その他数名：600株

(3)　議決権の行使方法

　議決権の行使方法は，株主総会に出席して議案に対して賛否を明らかにすることが考えられますが，前述のとおり，一定の場合には書面投票やインターネット投票などの方法で議決権を行使することも認められています。また，原則として代理人による議決権の行使も認められています（会法310①）。

5．決議要件

　株主総会は，決議内容によって，決議を成立させるための要件が異なります。どのような種類の決議について，どの程度の株主の出席が必要なのか，そしてどの程度の株主が賛成すれば決議が成立したといえるのかを解説します。

　なお，決議要件について，定款で特別の定めを設けることができる場合もありますが，以下では特に説明がない限り，そのような定款の定めがないものとして考えることにします。

(1) 普通決議

　普通決議は，原則として，議決権を行使することができる株主の議決権の過半数を有する株主が出席し，出席した株主の議決権の過半数の賛成によって行います（会法309①）。普通決議で必要となる出席や賛成は，株主の人数ではなく，株主の持っている議決権の数となります。なお，決議を行うために必要となる最小限度の出席数を定足数といいますが，この普通決議では，「議決権を行使することができる株主の議決権の過半数を有する株主」という部分が定足数となります。

　この普通決議は，取締役や監査役の選任，計算書類の承認，役員の報酬の決定などの場合に行います。

(2) 特別決議

　特別決議は，原則として，その株主総会において議決権を行使することができる株主の議決権の過半数を有する株主が出席し（定足数），出席した株主の議決権の3分の2以上の賛成によって行います（会法309②）。

　一般的な定款変更，株式併合，資本金の額の減少（原則），解散，合併などを行う場合にこの決議が必要となります。

(3) **特殊決議**

　(ア)　譲渡制限規定を設ける定款変更

　　　発行する株式の全部に譲渡制限規定を設ける定款変更は，原則として，その株主総会において議決権を行使することができる株主の半数以上であって，議決権を行使することができる株主の議決権の3分の2以上の賛成によって行います（会法309③）。普通決議，特別決議との大きな違いは，「その株主総会において議決権を行使することができる株主の半数以上」という要件がある点です。つまり，賛成する議決権数だけでなく，賛成する株主の人数も問題となるということです。

　(イ)　非公開会社における株主ごとに異なる取扱いをする定款変更

　　　非公開会社における株主ごとに異なる取扱いをする定款変更は，原則として，総株主の半数以上であって，総株主の議決権の4分の3以上の賛成によって行います（会法309④）。

6．運　　営

　株主総会の議事の運営は議長により行われます。議長は株主総会の秩序を維持し，議事を整理します（会法315①）。また，議長はその命令に従わない者や，株主総会の秩序を乱す者を退場させることができます（会法315②）。

　株主総会において，取締役や監査役などが株主から特定の事項について説明を求められた場合には，原則としてその事項について説明をしなければなりません（会法314）。

　株主総会の議事については，一定のルールに従い議事録を作成し，株主総会の日から10年間，本店に備え置かなければなりません（会法318①②）。

7．種類株主総会

　種類株主総会は，会社法で定められている事項，定款で定めた事項に限り決議をすることができます（会法321）。

　例えば，ある種類の株式の種類株主に損害を及ぼすおそれがある場合や，拒

否権付株式において拒否権の対象となる決議を行う場合，役員選任権付株式において役員を選任する場合などで種類株主総会を開催することになります。

なお，ある種類の株式の内容として，定款で，ある種類の株式の種類株主に損害を及ぼすおそれがある場合でも種類株主総会の決議を不要とすることを定めることができます（会法322②）。

8．株主総会の決議と訴え

株主総会の決議が成立したとしても，株主総会の手続や決議に違反などあった場合には，違反の内容によって，以下のような訴えを起こすことができます。

(1) 決議取消しの訴え

次の場合には，株主，取締役，監査役（監査役設置会社）等は，株主総会の決議の日から3か月以内に，決議取消しの訴えを起こすことができます（会法831①）。

① 株主総会の招集の手続や決議の方法が法令や定款に違反する場合，または著しく不公正な場合
② 株主総会の決議の内容が定款に違反する場合
③ 株主総会等の決議について特別の利害関係を有する者が議決権を行使したことによって，著しく不当な決議がされた場合

(2) 決議不存在確認の訴え

株主総会の決議が存在しない場合や，招集通知漏れが著しいような場合には，決議不存在確認の訴えを起こすことができます（会法830①）。

(3) 決議無効確認の訴え

株主総会の決議の内容が法令に違反する場合には，決議無効確認の訴えを起こすことができます（会法830②）。

3 取締役

取締役は，会社の経営や業務の決定などの役割を担っています。

なお，指名委員会等設置会社や監査等委員会設置会社といった委員会を置いている株式会社では，それ以外の株式会社と比べて，取締役の役割や任期などが異なっています。そのため，本項では通常の取締役について解説し，委員会における取締役については，該当する委員会の項目で解説することにします。

1．権　限

取締役の権限は，取締役会を置いているかどうかによって異なります。

取締役会非設置会社の取締役は，原則として会社の業務を行い（会法348①），会社を代表します（会法349①）。ただし，取締役会非設置会社でも代表取締役を選ぶことができます。具体的には，定款や定款の定めに従った取締役どうしの互選，株主総会の決議により代表取締役を選んだ場合には，その者が会社を代表することになります（会法349③）。

これに対して，取締役会設置会社の取締役は，取締役会のメンバーとして，取締役会を通して会社の業務を決めたり代表取締役を選んだりします（会法362②）。そして，原則として代表取締役が会社の業務を行い，会社を代表することになります（会法363①）。

【取締役の権限】

	取締役会非設置会社	取締役会設置会社
業務の執行	取締役	・代表取締役 ・業務執行取締役 （取締役会が業務の執行を決定）
会社の代表	原則：取締役が各自代表 例外：他に代表取締役を定めた場合など	代表取締役

| 代表取締役の選定 | ・定款
・定款の定めに基づく取締役の互選
・株主総会の決議 | 取締役会決議 |

2．選　　任
(1) 取締役の選任

　取締役は，株主総会の決議によって選ばれます（会法329①）。この決議は，原則として，議決権を行使することができる株主の議決権の過半数を有する株主が出席し，出席した株主の議決権の過半数の賛成によって行わなければなりません（会法341）。

　また，法人や成年被後見人，被保佐人，会社法違反や一定の罪を犯した者などは取締役になることができません。一般的には，これを取締役の欠格事由と呼んでいます（会法331①）。

　なお，非公開会社では定款で取締役の資格を株主に限定することができますが，公開会社ではそのような定めをすることはできません（会法331①）。

【取締役の資格】

欠格事由	取締役となることができない者 ① 法人 ② 成年被後見人，被保佐人など ③ 会社法などの規定に違反し，刑に処せられ，その執行を終わり，またはその執行を受けることがなくなった日から2年を経過しない者 ④ ③以外の法令の規定に違反し，禁錮以上の刑に処せられ，その執行を終わるまでまたはその執行を受けることがなくなるまでの者（執行猶予中の者を除く）
資　格	取締役が株主でなければならない旨の定款の定め ・公開会社：× ・非公開会社：○

(2) 社外取締役

　社外取締役とは，一定のルールを満たした取締役で，いわば会社と深い関係にない取締役と考えられます。社外取締役といるための要件は会社法で細かく決められており，前述のとおり，平成26年改正でさらに要件が厳しくなりました。社外取締役といるためには，例えば，その会社や子会社の業務執行取締役などでなく，その就任前10年間，その会社や子会社の業務執行取締役などでなかったこと，親会社関係者やその会社の取締役の親族など一定の範囲にあたらないことなど，会社法で決められている全ての要件を満たす必要があります（会法２十五）。

　後述のとおり，監査等委員会設置会社や指名委員会等設置会社では，一定数の社外取締役を置かなければならないことになっています。コーポレート・ガバナンスの強化のためにも，社外取締役の役割は期待されています。

　なお，会社法のルール上は，監査等委員会設置会社や指名委員会等設置会社でなければ，必ずしも社外取締役を置く必要はありません。もっとも，上場会社（有価証券報告書を提出している会社）など一定の要件を満たす株式会社で，事業年度の末日に社外取締役を置いていない場合には，取締役は，その事業年度に関する定時株主総会で社外取締役を置くことが相当でない理由を説明しなければなりません（会法327の２）。

　なお，政府は，平成26年改正法の施行後２年を経過した場合において，社外取締役の選任状況その他の社会経済情勢の変化等を勘案し，企業統治に係る制度の在り方について検討を加え，必要があると認めるときは，その結果に基づいて，社外取締役を置くことの義務付け等所要の措置を講ずることとしています（会法附則25）。

3. 任　　　期

　取締役の任期は，原則として，選任後２年以内に終了する事業年度のうち最終のものに関する定時株主総会の終結の時までと定められています（会法332①）。ただし，非公開会社（監査等委員会設置会社，指名委員会等設置会社を

除く）では，定款で選任後10年以内に終了する事業年度のうち最終のものに関する定時株主総会の終結の時まで任期を伸ばすことができます（会法332②）。

任期の具体的な計算方法は，次のようになります。下記の取締役の任期は，平成25年6月27日から平成27年6月25日までとなります。

【取締役の任期】
「選任後2年以内に終了する事業年度のうち最終のものに関する定時株主総会の終結の時まで」の具体例（3月末決算の場合）

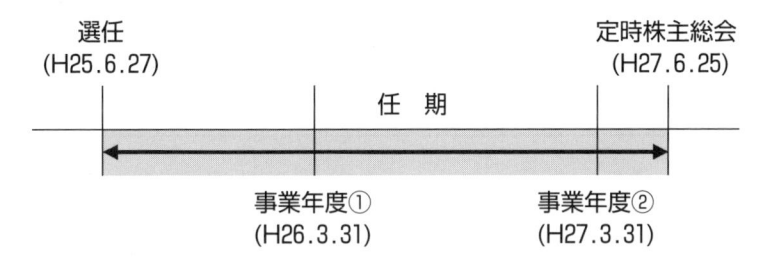

```
選任                              定時株主総会
(H25.6.27)                        (H27.6.25)
        |――――――――任 期――――――――|
           事業年度①        事業年度②
           (H26.3.31)       (H27.3.31)
```

4．終　　任

取締役は，任期満了や欠格事由にあたる場合，死亡，辞任，解任などにより，その地位を退きます。

任期満了とは，会社法や定款で定めた任期が満了することをいいます。また，監査等委員会や指名委員会等を置いたり，逆にこれらの委員会を廃止する定款変更を行う場合にも，定款変更の効力が発生した時に取締役の任期が満了します（会法332⑦一・二）。

このほか，発行する株式の全部について譲渡制限規定を廃止する定款変更（監査等委員会設置会社，指名委員会等設置会社がするものを除く）を行うような場合，いい換えると非公開会社が公開会社になる場合にも，定款変更の効力が発生した時に取締役の任期が満了することとされています（会法332⑦三）。その理由は，非公開会社では公開会社よりも取締役の任期を長く定めていることが多いためであると考えられています。

辞任とは，取締役から自発的に職を退くことであり，解任とは，株主総会の決議により会社側から取締役の職を解くことです。

【取締役の任期の特則】

特　　則	次に掲げる定款の変更をした場合には，取締役の任期は，当該定款変更の効力が生じたときに満了 ①　監査等委員会，指名委員会等を置く旨の定款の変更 ②　監査等委員会，指名委員会等を置く旨の定款の定めを廃止する定款の変更 ③　発行する株式の全部の内容として譲渡制限に関する定款の定めを廃止する定款の変更（監査等委員会設置会社，指名委員会等設置会社がするものを除く）

5．義　　務

取締役は会社の経営などに携わる重要な立場にあるため，重い義務が課せられています。

(1) 善管注意義務と忠実義務

会社と取締役との関係は，民法の委任のルールに従うこととされています（会法330）。そのため，取締役は委任を受ける者としての義務，例えば善管注意義務を負うことになります。善管注意義務とは，委任された人の職業や専門的な能力などから考えて，通常期待される注意義務のことをいいます。

また，会社法では，取締役は法令や定款，株主総会の決議に従い，株式会社のため忠実にその職務を行わなければならないことも定められています。これを忠実義務といいます（会法355）。

(2) 会社と取締役との利益衝突の防止

取締役は会社の経営などに携わるので，立場上，会社と取締役との間で利益の衝突が起こると，会社にとって多大な損害が生じる可能性があります。そこ

で会社法では，次のような場合には，株主総会（(ア)(イ)(ウ)は取締役会設置会社では取締役会）で取引に関する重要な事実を明らかにして，その承認を受けなければならないこととされています。なお，一般的に(ア)については競業避止義務，(イ)(ウ)については利益相反取引と呼ばれています。

(ア) 取締役が自己または第三者のために株式会社の事業の部類に属する取引をしようとするとき（会法356①一）

例えば，アパレル関連の株式会社の取締役が，自分のために，同じ業界の他社と取引をしようとする場合などです。取締役にこのような取引を行うことを自由に認めると，会社のノウハウや顧客情報などが他社に流出する可能性があり，会社の利益が害されるおそれがあるからです。

(イ) 取締役が自己または第三者のために株式会社と取引をしようとするとき（会法356①二）

例えば，取締役が所有する不動産を，自分が取締役を務める株式会社に売ろうとする場合などです。この場合，例えば不動産の売買価格を考えてみても，売主である取締役個人としては金額を高くしたいでしょうし，買主である会社としては金額を低くしたいということになるはずです。そうすると会社と取締役の利益が衝突し，会社に損害が生じる可能性があるからです。

なお，(イ)では取締役と株式会社が取引をするケースですので，直接取引の規制と考えられています。

(ウ) 株式会社が取締役の債務を保証することその他取締役以外の者との間において株式会社とその取締役との利益が相反する取引をしようとするとき（会法356①三）

例えば，取締役が金融機関からお金を借りる際に，自分が取締役を務める株式会社が保証人になるような場合です。株式会社が取締役の保証人になる場合，金融機関と会社が保証の契約を結ぶので，その点を見る限りは会社と取締役が直接取引をしていることにはなりません。しかし，取締役が借りたお金を返せなければ会社が肩代わりするような立場になるので，

会社と取締役の利益が衝突する可能性があり規制の対象となっています。

なお，(ウ)のケースは間接取引の規制と考えられています。

(エ) 取締役の報酬（会法361①）

取締役の報酬や賞与，その他の職務執行の対価として株式会社から受ける財産上の利益については，定款に定めていないときは株主総会の決議で定めることになっています。取締役が自分の報酬などを自由に決められるとすると，会社と利益が衝突することになるからです。

4 取締役会

1．権　　限

取締役会は全ての取締役をメンバーとする会議体で，公開会社，監査役会設置会社，監査等委員会設置会社，指名委員会等設置会社に必ず置かれる機関です。取締役会は，取締役会設置会社の業務の決定や取締役の職務の監督，代表取締役の選定，解職などを行います。また，重要な財産を処分したり，逆に譲り受けたりする場合や，会社が多額のお金を借り入れるような場合にも取締役会の決議が必要となります（会法362④）。

2．招　　集

取締役会は，定款や取締役会で特に定めた場合を除き，原則として各取締役が招集することができます（会法366①）。取締役会を招集する者は，原則として取締役会の日の1週間前までに，各取締役（監査役設置会社の場合は各取締役，各監査役）に対して，その通知を発しなければなりません（会法368①）。ただし，取締役（監査役設置会社の場合は取締役，監査役）の全員の同意があるときは，招集手続をとらずに開催することができます（会法368②）。

招集通知は書面のほか，口頭や電話などでもよく，会議の目的事項を特定する必要もありません。

なお，取締役会設置会社の代表取締役や業務執行取締役は，3か月に1回以

上，自分の職務の執行の状況を取締役会に報告しなければなりません（会法363②）。そのため，取締役会設置会社では，少なくとも3か月に1回は取締役会を招集しなければならないことになります。

3．決　　議

取締役会の決議は，原則として，議決に加わることができる取締役の過半数が出席し，その過半数の賛成によって行います（会法369①）。また，取締役会決議について特別の利害関係がある取締役は，議決に加わることができません（会法369②）。例えば，取締役が所有する不動産を自分が取締役を務める株式会社（取締役会設置会社）に売る場合，利益相反取引にあたり取締役会の承認が必要となることは前述のとおりですが，売主である取締役は特別の利害関係があり，その取締役会の議決に参加できないことになります。

取締役会の議事については，一定のルールに従い議事録を作成し，取締役会の日から10年間，本店に備え置かなければなりません（会法369③，371①）。

4．決議の瑕疵

瑕疵とは，通常備わっているものが欠けていることをいい，法律の場面では一般的に何らかの違反や手続の漏れがあるような状態をさします。

前述のとおり，株主総会の決議に瑕疵がある場合には，会社法で決議取消しの訴えなどの制度が用意されています。しかし，取締役会の決議内容や手続に瑕疵がある場合は，会社法で特別の訴えなどの制度が設けられていません。そのため，瑕疵の内容などにかかわらず，その決議は無効であり，誰でもどのような方法でも無効を主張することができるものと考えられています。

5 監　査　役

監査役は，取締役の職務などを監査する役割を担っています。監査役は，取締役会設置会社（公開会社でない会計参与設置会社，監査等委員会設置会社，

指名委員会等設置会社を除く），会計監査人設置会社に必ず置かれる機関です。

　監査役は，取締役（会計参与設置会社は取締役，会計参与）の職務の執行を監査し，監査報告を作らなければなりません（会法381①）。そして，監査役の監査の範囲は，業務に関する監査（業務監査）と会計に関する監査（会計監査）の大きく2つに分類されています。本項では業務監査を確認し，会計監査は第6章で解説します。

【監査役の権限】

	業務監査権	会計監査権
原　　則	○	○
例　　外	×※	○

※　非公開会社（監査役会設置会社及び会計監査人設置会社を除く）は，その監査役の監査の範囲を会計に関するものに限定する旨を定款で定めることができる。

1．権限と義務

(1) 権　　限

　監査役は，いつでも取締役や会計参与などに事業の報告を求めたり，会社の業務や財産の状況の調査をすることができます（会法381②）。そして，監査役が職務を行うために必要があるときは，子会社に事業の報告を求めたり，その子会社の業務や財産の状況の調査をすることもできます（会法381③）。

　また，監査役は，取締役が会社の目的の範囲外の行為や法令，定款に違反する行為をしたり，そのおそれがある場合，これによって会社に著しい損害が生ずるおそれがあるときは，その取締役にその行為をやめることを請求することができます（会法385①）。

　さらに，監査役設置会社が取締役に対し，または取締役が監査役設置会社に対して訴えを起こす場合には，原則として監査役が会社を代表します（会法386①）。

(2) 義　　務

　監査役は，取締役が不正の行為をしたり，そのおそれがあるとき，法令や定款に違反する事実，著しく不当な事実があると認めるときは，遅滞なく，取締役（取締役会設置会社は取締役会）に報告しなければなりません（会法382）。また，監査役は取締役会に出席し，必要に応じて意見を述べなければなりません（会法383①）。

(3) 例　　外

　非公開会社（監査役会設置会社，会計監査人設置会社を除く）は，定款で監査役の監査の範囲を会計監査に限定することができます（会法389①）。この場合には，業務監査に関する権限や義務などのルールは適用されないことになります。

2．選　　任

(1) 監査役の選任

　監査役は，取締役と同じく株主総会の決議によって選ばれます。決議要件も取締役の場合と同様です。なお，監査役は，自分が監査役を務める株式会社やその子会社の取締役，支配人などを兼ねることができません（会法335②）。

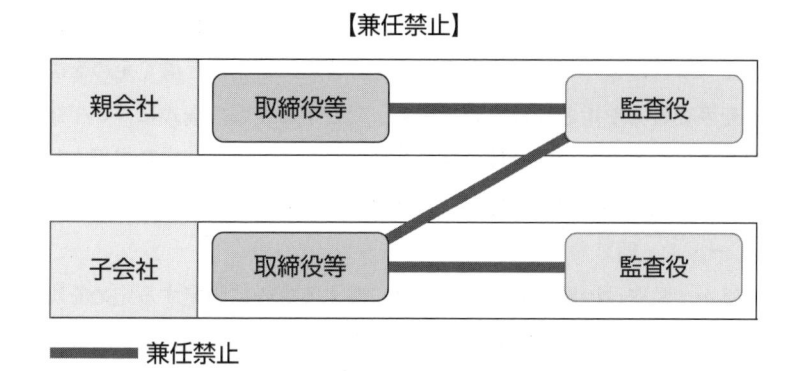

【兼任禁止】

| 親会社 | 取締役等 ── 監査役 |
| 子会社 | 取締役等 ── 監査役 |

■■■ 兼任禁止

(2) 社外監査役

　社外監査役とは，一定のルールを満たした監査役で，いわば会社と深い関係にない監査役と考えられます。前述の社外取締役のように，社外監査役といえるための要件は会社法で細かく決められており，平成26年改正でさらに要件が厳しくなりました。社外監査役といえるためには，例えば，その就任前10年間，その会社や子会社の取締役でないこと，親会社関係者やその会社の取締役の親族など一定の範囲にあたらないことなど，会社法で決められている全ての要件を満たす必要があります（会法２十六）。

　なお，前述のとおり監査役会設置会社では，監査役は３人以上で，そのうちの半数以上は社外監査役でなければなりません。

3．任　　　期

　監査役の任期は，原則として，選任後４年以内に終了する事業年度のうち最終のものに関する定時株主総会の終結の時までと定められています（会法336①）。ただし，非公開会社では，取締役の場合と同じく，定款で選任後10年以内に終了する事業年度のうち最終のものに関する定時株主総会の終結の時まで任期を伸ばすことができます（会法336②）。

4．終　　　任

　監査役は，取締役の場合と同じく，任期満了や欠格事由にあたる場合，死亡，辞任，解任によりその地位を退きます。また，監査役を置く定めを廃止する，監査等委員会や指名委員会等を置く，発行する全部の株式について譲渡制限規定を廃止する（非公開会社が公開会社になる）といった定款変更を行う場合には，定款変更の効力が発生したときに任期が満了することになります（会法336④一・二・四）。

　このほか，監査役の監査の範囲を会計に関するものに限定する定めを廃止する定款変更を行う場合にも，定款変更の効力が発生したときに，監査役の任期が満了することとされています（会法336④三）。これは，この定款変更により

監査役の監査の範囲が業務監査まで拡大されるので，監査役に必要な能力などが異なることになるからです。

【監査役の任期】

特　則	次に掲げる定款の変更をした場合には，監査役の任期は，当該定款変更の効力が生じた時に満了 ①　監査役を置く旨の定款の定めを廃止する定款の変更 ②　監査等委員会，指名委員会等を置く旨の定款の変更 ③　監査役の監査の範囲を会計に関するものに限定する旨の定款の定めを廃止する定款の変更 ④　発行する株式の全部の内容として譲渡制限に関する定款の定めを廃止する定款の変更

5．監査役の報酬

　監査役の報酬は，定款にその額を定めていないときは，株主総会の決議によって定めます（会法387①）。これは，監査役の報酬を取締役とは別に定めることで，監査役の適正な報酬を確保し，独立性を保障するためであると考えられています。

6　監査役会

　監査役会は全ての監査役をメンバーとする会議体で，公開会社でかつ大会社（監査等委員会設置会社，指名委員会等設置会社を除く）に必ず置かれる機関です。

1．権　　限

　監査役会は，監査報告の作成や常勤の監査役の選定及び解職，監査の方針，監査役会設置会社の業務及び財産の状況の調査の方法，その他の監査役の職務の執行に関する事項を決定します（会法390②）。また，監査役は，監査役会の

求めがあるときは，いつでもその職務の執行の状況を監査役会に報告しなければなりません（会法390④）。

2．運　　営

監査役会は，各監査役が招集します（会法391）。また，招集にあたっては，監査役は原則として監査役会の日の1週間前までに，各監査役に対してその通知を発しなければなりません（会法392①）。ただし，監査役の全員の同意があるときは，招集手続をとらずに開催することができます（会法392②）。

監査役会の決議は，監査役の過半数の賛成によって行います（会法393①）。そして，監査役会の議事については，一定のルールに従い議事録を作成し，監査役会の日から10年間，本店に備え置かなければなりません（会法393②，394①）。

7 会 計 参 与

会計参与は，定款で定めることにより，どのようなスタイルの株式会社でも置くことができます。会計参与の役割は，取締役とともに，計算書類やその附属明細書などを作ることにあります。

1．権限と義務
(1) 権　　限

会計参与は，取締役とともに計算書類やその附属明細書などを作ります（会法374①）。そして，会計参与はいつでも会社の会計帳簿などを確認し，取締役や支配人などに対して会計に関する報告を求めることができます（会法374②）。さらに，その職務を行うため必要があるときは，子会社に対して会計に関する報告を求めたり，会社や子会社の業務，財産の状況の調査をすることができます（会法374③）。

(2) **義　　務**

　会計参与は，一定のルールに従って会計参与報告を作らなければなりません（会法374①）。また，会計参与は，その職務を行うにあたって取締役の職務の執行に関し不正の行為や法令，定款に違反する重大な事実があることを発見したときは，遅滞なく，これを株主（監査役設置会社は監査役，監査役会設置会社は監査役会）に報告しなければなりません（会法375①）。さらに，取締役会設置会社の会計参与は，計算書類を承認する取締役会に出席し，必要に応じて意見を述べなければなりません（会法376①）。

　このほか，会計参与は，各事業年度の計算書類や附属明細書，会計参与報告を定時株主総会の日の1週間（取締役会設置会社は2週間）前の日から5年間，一定のルールに従い，会計参与が定めた場所に備え置かなければなりません（会法378①）。

2．選任と資格

　会計参与は，株主総会の決議によって選任されます。そして，会計参与には計算書類の作成などについて高度の専門性が求められるため，公認会計士や監査法人，税理士，税理士法人でなければ会計参与になることができません（会法333①）。また，会社や子会社の取締役，監査役，支配人などは，会計参与になることができません（会法333③）。

3．任　　期

　会計参与の任期は，原則として取締役と同じような内容となります。

4．会計参与の報酬

　会計参与の報酬は，定款にその額を定めていないときは，株主総会の決議によって定めます（会法379①）。これは，監査役と同様，会計参与の適正な報酬を確保し，独立性を保障するためであると考えられています。

8 会計監査人

　会計監査人は，大会社，監査等委員会設置会社，指名委員会等設置会社に必ず置かれる機関です。

1．権　　限
　会計監査人は，株式会社の計算書類やその附属明細書などを監査します（会法396①）。そして，一定のルールに従って，会計監査報告を作成しなければなりません（同）。また，会計監査人はいつでも会計帳簿などを確認し，取締役や会計参与，支配人などに対して会計に関する報告を求めることができます（会法396②）。

2．選任と資格
　会計監査人は，株主総会の決議によって選任されます。そして，会計監査人には計算書類の監査などについて高度の専門性が求められるため，公認会計士か監査法人でなければ会計監査人になることができません（会法337①）。

3．任　　期
　会計監査人の任期は，選任後1年以内に終了する事業年度のうち最終のものに関する定時株主総会の終結の時までとされています（会法338①）。なお，この定時株主総会において今までの会計監査人を選任しないなど特別の決議がされなかった時は，会計監査人はその定時株主総会で再任されたものとみなされます（会法338②）。

9 監査等委員会設置会社

1．概　　要

　監査等委員会設置会社とは，監査等委員会を置く株式会社をいいます。平成26年改正により新たに創設された制度です。

　平成26年改正前は，株式会社の機関設計の枠組みとしては，委員会設置会社（後述する指名委員会等設置会社）を採用するか採用しないかの，2つの選択肢が用意されていました。この点，委員会設置会社では業務執行と監督が分けられており，監督の役割を担う3つの委員会には必ず社外取締役が置かれます。そのため，コーポレート・ガバナンスなどの点では優れているものと考えられます。しかし，委員会設置会社では，取締役の選任や報酬などの決定に社外取締役が関わることになり，いわば社内の取締役から好ましく思われていないこともありました。そのため委員会設置会社の利用が進んでいませんでした。

　また，近年，企業の不祥事などが続き，社外取締役への期待が高まっています。しかし，会社法上，委員会設置会社でない限り社外取締役を置くことが義務づけられていませんので，社外取締役の活用が進んでいるとはいえない状況でした。

　そこで，社外取締役の活用などを推進するため，いわば通常の会社と委員会設置会社の中間のような位置づけで，監査等委員会設置会社が創設されました。

２．監査等委員会設置会社の運営

【監査等委員会設置会社】

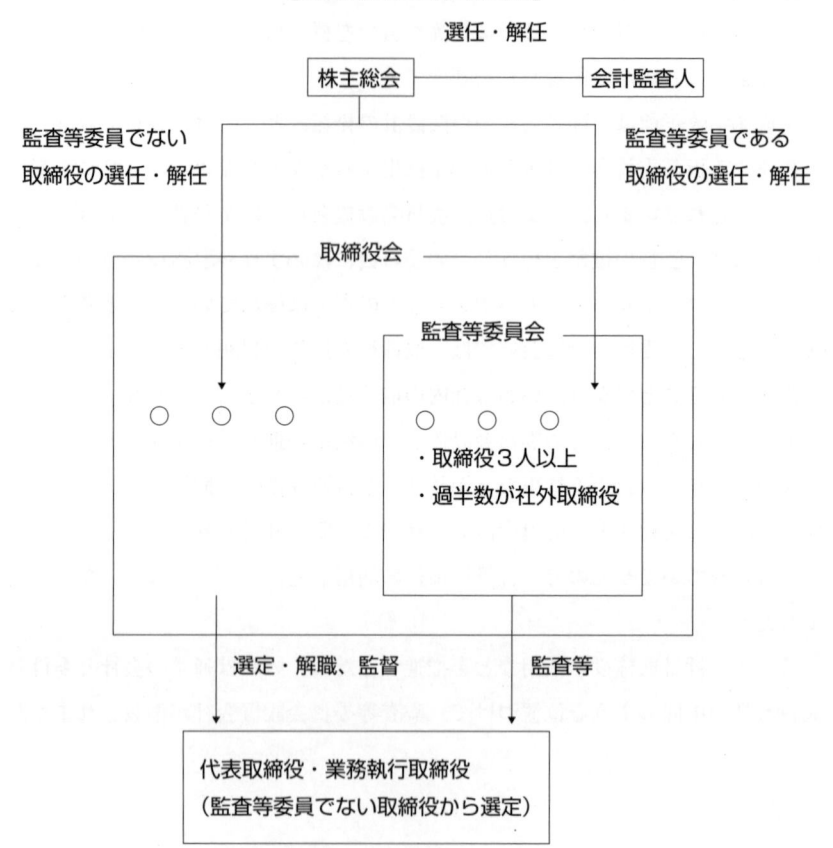

```
                        選任・解任
           ┌─────株主総会─────会計監査人
           │          │
監査等委員でない      監査等委員である
取締役の選任・解任    取締役の選任・解任
           │          │
    ┌──────取締役会──────────────┐
    │                              │
    │              ┌─監査等委員会─┐│
    │              │              ││
    │   ○ ○ ○   │  ○ ○ ○    ││
    │              │ ・取締役３人以上
    │              │ ・過半数が社外取締役
    │              └──────────────┘│
    └──────────────────────────────┘
           │              │
      選定・解職、監督    監査等
           │              │
    ┌──────────────────────┐
    │ 代表取締役・業務執行取締役 │
    │（監査等委員でない取締役から選定）│
    └──────────────────────┘
```

　監査等委員会設置会社には，監査等委員をメンバーとする監査等委員会が置かれます（会法399の２①）。監査等委員は３人以上の取締役で，その過半数は社外取締役でなければなりません（会法331⑥）。また，監査等委員会設置会社では，監査等委員である取締役とその他の取締役を分けて選ばなければなりません（会法329②）。

　監査等委員会設置会社の監査等委員でない取締役の任期は，選任後１年以内

に終了する事業年度のうち最終のものに関する定時株主総会の終結の時までと定められています（会法332③）。これに対し，監査等委員会設置会社の監査等委員である取締役の任期は，選任後2年以内に終了する事業年度のうち最終のものに関する定時株主総会の終結の時まで（任期の短縮は不可）となります（会法332④）。

　監査等委員会では，取締役の職務の執行の監査や監査報告書の作成，株主総会に提出する会計監査人の選任，解任などの議案の内容の決定などを行います（会法399の2③）。このように監査等委員会は，監査役（会）と同じような機能を果たしますので，監査等委員会設置会社では監査役（会）を置くことは認められていません（会法327④）。

　また，監査等委員会の職務は，取締役の職務の執行の監査などが中心となり，業務執行は行いません。そのため，経営の基本方針などの業務執行の決定，取締役の職務の執行の監督，代表取締役の選定や解任などは取締役会で行われます（会法399の13①）。なお，代表取締役は監査等委員以外の取締役から選ばれ，取締役会の決定に従い原則として監査等委員会設置会社の業務を執行することになります（会法399の13③）。

10 指名委員会等設置会社

1. 概　　要

　指名委員会等設置会社とは，指名委員会，監査委員会，報酬委員会を置く株式会社をいいます。公開会社か非公開会社か，大会社か中小会社かにかかわらず，定款で定めることにより指名委員会等設置会社を採用することができます。指名委員会等設置会社を選ぶメリットは，業務の執行と監督をしっかりと分けることで，コーポレート・ガバナンスを強化することにあると考えられています。

２．指名委員会等設置会社の運営

【指名委員会等設置会社】

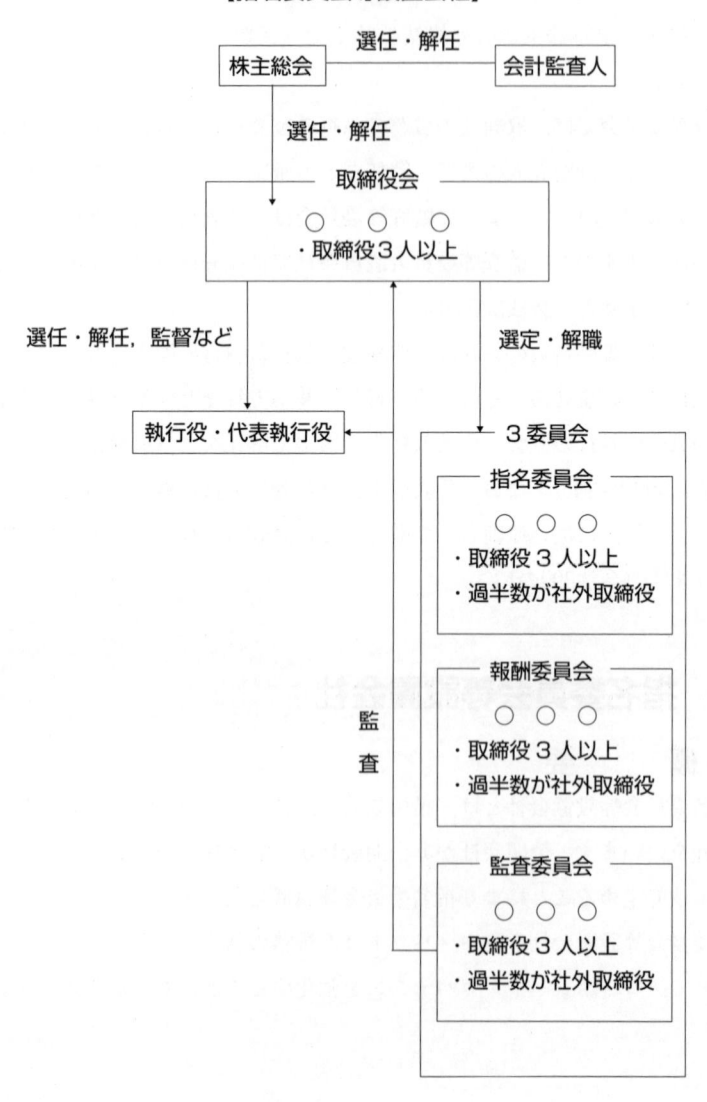

```
                    選任・解任
    株主総会 ─────────────── 会計監査人
        │
        │ 選任・解任
        ▼
    ┌─────取締役会─────┐
    │    ○  ○  ○      │
    │  ・取締役３人以上  │
    └──────────────────┘
        │           ▲
        │ 選任・解任, │ 選定・解職
        │ 監督など   │
        ▼           │
  ┌──────────┐    ┌─3委員会──────────┐
  │執行役・代表執行役│◀──│ ┌─指名委員会─────┐│
  └──────────┘    │ │   ○  ○  ○      ││
        ▲          │ │ ・取締役３人以上   ││
        │          │ │ ・過半数が社外取締役 ││
        │監査       │ └──────────────┘│
        │          │ ┌─報酬委員会─────┐│
        │          │ │   ○  ○  ○      ││
        │          │ │ ・取締役３人以上   ││
        │          │ │ ・過半数が社外取締役 ││
        │          │ └──────────────┘│
        │          │ ┌─監査委員会─────┐│
        └──────────│ │   ○  ○  ○      ││
                   │ │ ・取締役３人以上   ││
                   │ │ ・過半数が社外取締役 ││
                   │ └──────────────┘│
                   └────────────────┘
```

指名委員会等設置会社には，株主総会に提出する取締役などの選任，解任に関する議案の内容を決める指名委員会，執行役などの職務の執行の監査，監査報告の作成などを行う監査委員会，執行役などの報酬の内容などを決める報酬委員会が置かれます（会法404①②③）。各委員会の委員は取締役会が取締役の中から選び，各委員会の委員の過半数は，前述のルールを満たした社外取締役でなければなりません（会法400②③）。

指名委員会等設置会社の取締役の任期は，選任後１年以内に終了する事業年度のうち最終のものに関する定時株主総会の終結の時までと定められています（会法332⑥）。

また，指名委員会等設置会社では，取締役が業務を執行することが原則として禁止されており，業務の執行は取締役会で選ばれた執行役が行います（会法415，418）。取締役会は執行役の職務を監督したり，代表執行役を選んだりします（会法416①，420①）。指名委員会等設置会社ではこの代表執行役が会社を代表することになり，会社法上，代表取締役という役職はありません。

なお，平成26年改正により，以前の委員会設置会社という名称が「指名委員会等設置会社」と改められました。今回の改正では，基本的には名称が変更された程度で，以前の委員会設置会社制度から大きな変更点はありません。

11 役員等の損害賠償責任

前述のとおり，取締役などの役員は，株式会社において重要な役割を担っています。そのため，職務を行うにあたり，会社や第三者に対して重い責任を負っています。なお，一定の場合には，その責任の一部を免除する制度も設けられています。

1．任務懈怠責任

(1) 任務懈怠責任

取締役，会計参与，監査役，執行役，会計監査人（以下「役員等」といいま

す）は，その任務を怠ったときは，株式会社に対し，これによって発生した損害を賠償する責任を負います（会法423①）。この責任を任務懈怠責任といい，原則として全ての株主の同意がなければ免除することができません（会法424）。

(2) 利益相反取引の場合

利益相反取引によって株式会社に損害が生じたときは，その当事者である取締役やその取引をすることを決めた取締役，その取引についての取締役会の決議に賛成した取締役などは，原則として，その任務を怠ったものと推定されます（会法423③）。

また，自分のために利益相反取引（p.86(2)(イ)の取引）を行った取締役は，仮に任務を怠ったことに落ち度がなかったとしても，責任を免れることができず，後述する責任の一部免除の制度も利用することができません（会法428）。

2．株主による責任追及

取締役などが職務を怠ったりしたことにより会社に損害が発生した場合，会社は取締役などに対してその責任を追及することになります。しかし，会社と取締役などとの関係から，取締役などへの責任追及を期待できないことも考えられます。そこで，一定のルールに従い，株主が取締役などの責任を追及することも認められています。

具体的には，原則として6か月前から引き続き株式を保有する株主（非公開会社の場合は保有期間は不要）は，株式会社に対し，一定の方法により，役員等の責任を追及する訴え（責任追及等の訴え）の提起を請求することができます（会法847①②）。そして，株式会社がこの請求の日から60日以内に責任追及等の訴えを提起しないときは，請求をした株主は，株式会社のために，責任追及等の訴えを提起することができます（会法847③）。一般的にこの訴えのことを，株主代表訴訟といいます。

なお，上記のルールにかかわらず，上記の期間の経過により株式会社に回復することができない損害が生ずるおそれがある場合には，上記の株主は株式会

社のために，原則として直ちに責任追及等の訴えを提起することができます（会法847⑤）。

【株主代表訴訟】

対象となる株主	・公開会社の場合には，6か月（これを下回る期間を定款で定めた場合にあっては，その期間）前から引き続き株式を保有する株主（一部の単元未満株主を除く） ・非公開会社の場合には，株主
ステップ①	原則として，株式会社に対し，書面その他の法務省令で定める方法により，役員等の責任を追及する訴え（責任追及等の訴え）の提起を請求することができる。
ステップ②	株式会社が上記請求の日から60日以内に責任追及等の訴えを提起しないときは，当該請求をした株主は，株式会社のために，責任追及等の訴えを提起することができる。

> **プラスα：多重代表訴訟**
>
> 多重代表訴訟とは，一定のルールに従って，親会社の株主が子会社の取締役などの責任追及の訴え（特定責任追及の訴え）を提起することができる制度をいいます（会法847の3）。平成26年改正により新たに創設されました。
>
> 前述のとおり，株主代表訴訟は，株主がその会社の役員の責任を追及するために認められている制度です。しかし，グループ組織で事業を展開する会社が増えてきている現在，実際に事業を行う会社と，一般の株主がいる会社が異なるケースも多々あります。例えば，「○○ホールディングス株式会社」などのホールディングカンパニーをグループのトップとしているような場合，実際に事業を行う「○○販売株式会社」（完全子会社）の株主は「○○ホールディングス株式会社」（完全親会社）のみで，一般の株主は「○○ホールディングス株式会社」にしかいないようなこともあり

ます。この場合に、仮に「○○販売株式会社」の役員に任務の懈怠があり、株主が責任追及をするような場面になっても、「○○販売株式会社」の株主は「○○ホールディングス株式会社」のみですから、完全親会社と完全子会社という特殊な関係から、適切な責任追及が行えるのか疑問もあります。だからといって、そのまま責任を追及しなければ、「○○販売株式会社」に損害が生じる可能性があり、最終的には完全親会社である「○○ホールディングス株式会社」の株主が不利益を受けるおそれもあります。そこで、一定の範囲で、「○○ホールディングス株式会社」の株主にも「○○販売株式会社」の役員の責任追及の訴えを提起することが認められたわけです。

3．責任の一部免除
(1) 株主総会決議による場合

1．の責任は、その役員等が職務を行うことについて善意でかつ重大な過失がないときは、賠償の責任を負う額から最低責任限度額を差し引いた額を限度として、株主総会の決議によって免除することができます（会法425①）。いい換えると、最低責任限度額を超える部分が免除の対象となり、最低責任限度額は免除することができないことになります。

この最低責任限度額は、一定のルールに従って計算されたその役員等が受ける1年間の報酬額について、代表取締役や代表執行役は6倍、業務執行取締役や執行役などは4倍、社外取締役などその他の取締役や会計参与、監査役、会計監査人は2倍をした額となります。

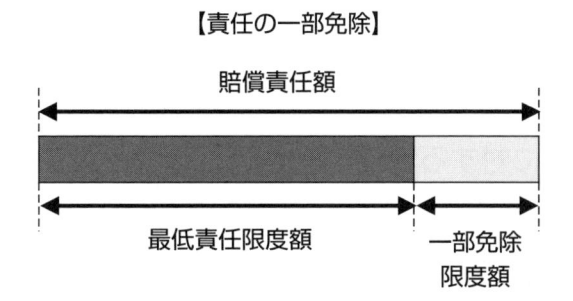

【責任の一部免除】

```
|←――――――――― 賠償責任額 ―――――――――→|
|■■■■■■■■■■■■■■■■■■■■■■|□□□□□|
|←―――― 最低責任限度額 ――――→|←一部免除→|
                              限度額
```

(2) 取締役会決議などによる場合

　取締役が2人以上いる監査役設置会社，監査等委員会設置会社，指名委員会等設置会社は，定款で定めることにより，1.の任務懈怠責任について，取締役の過半数の同意（取締役会設置会社は取締役会の決議）によってその一部を免除することが認められています（会法426①）。具体的には，これらの会社の役員等が職務を行うにあたり善意でかつ重大な過失がなく，責任の原因となった事実の内容，その役員等の職務の執行の状況その他の事情を考慮して特に必要であると認めるときは，定款の定めにより，(1)により免除することができる額を限度として，取締役の過半数の同意（取締役会設置会社は取締役会の決議）によってその一部を免除することができます。

　もっとも，これを広く認めると，取締役の判断で責任の一部免除が容易にできることにもなりかねません。そこで，原則として総株主の議決権の100分の3以上の議決権を保有する株主が異議を述べたときは，会社はこの定款の定めによる免除をしてはならないことになっています（会法426⑦）。

(3) 責任限定契約による場合

　株式会社は，定款で定めることにより，取締役（代表取締役や業務執行取締役を除く），会計参与，監査役，会計監査人の1.の責任について，これらの者との間でその責任を一定の範囲に限定する契約を結ぶことができます（会法427①）。これらの者が職務を行うにあたり善意でかつ重大な過失がないときは，

定款で定めた額の範囲内であらかじめ会社が定めた額と最低責任限度額とのいずれか高い額に責任を限定することができます。

4．第三者に対する責任

役員等がその職務を行うにあたり悪意または重大な過失があったときは，これらの者は，これによって第三者に生じた損害を賠償する責任を負います（会法429①）。

5．連帯責任

役員等が株式会社や第三者に損害賠償責任を負う場合で，他の役員等もその責任を負うときは，これらの者は連帯債務者（連帯責任）となります（会法430）。

用語解説

善　意	ある事実を知らないこと。
悪　意	ある事実を知っていること。
過　失	一定の事実を認識することができたにもかかわらず，不注意でそれを認識しないこと。
重過失	一定の注意義務を著しく欠くこと。

第5章　資金調達

　株式会社はどのようにして資金を集めて事業を行っているのでしょうか。銀行からお金を借りる以外に、どのような方法があるのでしょうか。

　株式会社が事業を行うためには、資金が必要となります。では、どのようにして資金を得るのでしょうか。銀行などの金融機関からお金を借りるといった方法もありますが、例えば株式会社が新たに株式を発行し、それを引き受けた人たちに出資してもらうなどの方法もあります。このような株式の発行は、会社法で基本的なルールが決められています。本章では、株式会社の資金調達の方法について解説します。

1　資金調達

1．直接金融と間接金融

　株式会社が資金を得る方法は、直接金融と間接金融の大きく2つに分類されます。直接金融とは、資金の提供者から直接資金を得る方法で、例えば会社が株式を発行して出資を受けることがこれにあたります。株式会社は、資金の提供者から出資された財産を直接受けて、これと引換えに株式を発行するからです。

　これに対して間接金融とは、資金の提供者ではない第三者から資金を得る方法で、例えば銀行から融資を受けることがこれにあたります。銀行は、預金者の預金などによりいったん保管したお金を、融資先に貸すことになります。そのため、株式会社は、資金の提供者である預金者などから、銀行を通して間接的にお金を得ることになるからです。

2．会社法のルール

　会社法では，株式や新株予約権，社債の発行といった直接金融についてのルールが決められています。各項目に入る前にそれぞれの特徴を簡単に比較しておきます。

　会社が新たな出資者に株式を発行した場合には，新たに出資した者は株主となります。そして，発行された株式が通常の株式である場合には，新たに出資した者は株主として剰余金の配当を受けたり，株主総会に出席したりする権利を持つことになります。

　また，会社が新たな出資者に新株予約権を発行した場合には，新たに出資した者は新株予約権者となります。新株予約権は，新たな株式を発行してもらうことを予約するような権利で，一定のルールに従って将来的に株式に切り替えることができます。そのため，新株予約権を発行した段階では，株式や株主の数に影響はなく，株式に切り替えられた段階で株式や株主の数が変動することになります。

　これらに対して社債は，その性質が大きく異なります。会社が資金の提供を受けて社債を発行した場合には，社債を引き受けた者は社債権者となります。社債は会社にとって借入金のような位置づけです。そのため，株式会社は，一般的には提供を受けた資金に利息を付けて，社債権者に返済しなければなりません。なお，一定のルールに従って，新株予約権と社債をセットにした新株予約権付社債を発行することもできます。

　株式と社債について，以下の表で比較します。

【株式と社債の比較】

	株　　式	社　　債
地　　位	株主（株式会社の構成員）	社債権者（株式会社の債権者）
利　　益	不確定	確定（利息部分）
資金の返還	なし	あり
経営への参加	あり（株主総会の議決権など）	なし

2 株式の発行

1．募集株式

　会社法では，株式会社が設立後に株式を発行することを募集株式の発行と呼んでいます。会社法の募集株式には，①新たに発行する株式について引き受ける者を募集する場合と，②会社が保有する自己株式について引き受ける者を募集する場合があります。①は純粋に新しい株式を発行しますが，②は発行した株式をいったん会社が保有し（自己株式），それを改めて交付することになります。

2．募集株式の発行と発行可能株式総数

　株式会社は，会社設立後も株式を引き受ける者を募集し，株式を発行することができます。ただし，何株でもやみくもに株式を発行できるわけではなく，株式会社が発行できる株式数には一定の制限があります。この制限が，発行可能株式総数と呼ばれるものです。株式会社の定款や登記記録を見ると，発行可能株式総数が記載（記録）されていますが，この数を限度として株式を発行できるということです。例えば，A株式会社の発行可能株式総数が3,000株，現在発行されている株式数（発行済株式総数）が1,000株とすると，A株式会社ではあと2,000株発行できることになります。

　この発行可能株式総数は，定款を変更する株主総会決議（特別決議）を行うことにより，増減させることができます。仮に，前述のA株式会社で3,000株以上発行する必要がある場合には，株主総会の特別決議による承認を得て，発行可能株式総数を増加させればよいわけです。

　なお，公開会社が発行可能株式総数を増加させる場合には，増加後の発行可能株式総数は，増加の効力発生時点で発行されている株式数の4倍以下でなければなりません（会法113③）。つまり，A株式会社が公開会社であれば，増加後の発行可能株式総数は，原則として4,000株以下（増加の効力発生時点で発行されている株式数1,000株の4倍以下）で定める必要があります。

【公開会社の発行可能株式総数】

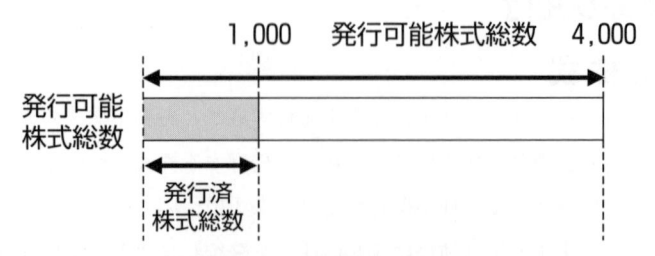

```
                1,000    発行可能株式総数    4,000
発行可能
株式総数
        発行済
        株式総数
```

- 設立時発行株式の総数は，発行可能株式総数の4分の1を下ることができない。
- 定款を変更して発行可能株式総数を増加する場合には，変更後の発行可能株式総数は，当該定款の変更が効力を生じた時における発行済株式総数の4倍を超えることができない。

3．株式の発行形態

株式会社が発行する株式を誰に割り当てるかという点から，大きく3種類の発行形態が考えられます。

(1) 株主割当

現在の株主に対して，現在の保有株式数に応じて，株式の割当てを受ける権利を与える方法です。

(2) 公募

不特定多数の者に対して，株式の募集を行う方法です。

(3) 第三者割当

特定の者に対して，株式の募集を行う方法です。なお，仮に特定の者が現在の株主であるとしても，現在の保有株式数と関係なく株式の割当てを受ける権利を与える場合には第三者割当となります。例えば，10人の株主がいる株式会社において，1人の株主のみに株式の割当てをする募集株式の発行を行う場合

には，第三者割当の形態となります。

4．株式発行の流れ

【株式発行の流れ】

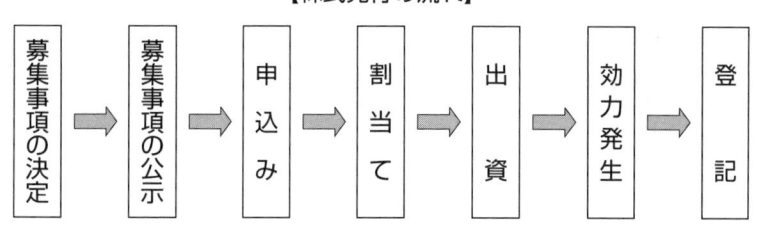

募集事項の決定 ⇒ 募集事項の公示 ⇒ 申込み ⇒ 割当て ⇒ 出資 ⇒ 効力発生 ⇒ 登記

(1) 募集事項の決定

(ア) 公募，第三者割当の場合

　公募，第三者割当の方法で株式を発行する場合には，公開会社では取締役会，非公開会社では原則として株主総会の決議によって，その都度，募集株式について次の事項を定めなければなりません（会法199①②，201①）。

> ① 募集株式の数
> ② 募集株式の払込金額またはその算定方法
> ③ 金銭以外の財産を出資の目的とするときはその旨，その財産の内容及び価額
> ④ 募集株式と引換えにする金銭の払込み，③の財産の給付の期日またはその期間
> ⑤ 株式を発行するときは，増加する資本金，資本準備金に関する事項

　なお，非公開会社では，株主総会の決議によって上記の募集事項の決定を取締役（取締役会設置会社は取締役会）に委任することができます。この場合には，その委任により募集事項の決定をすることができる募集株式の数の上限，払込金額の下限を定めなければなりません（会法200①）。また，この委任決議は，募集事項④の期日または期間の末日が委任決議の日

から1年以内の募集について効力があることとされています（会法200③）。
　(イ)　株主割当の場合
　　株主割当の方法で株式を発行する場合には，公開会社では取締役会，非公開会社では原則として株主総会の決議によって，前述の募集事項①から⑤までのほか，⑥株主に対し，申込みをすることにより募集株式の割当てを受ける権利を与えること，⑦申込期日を定めなければなりません（会法202①③）。
　　なお，非公開会社では，定款で定めることにより，これらの内容を取締役（取締役会設置会社は取締役会）が決めることができます（会法202③）。

(2) 募集事項の公示

　株式会社が募集事項を定めたときは，その内容などを株主に通知しなければならない場合があります。

　公開会社が株式を発行する場合には，募集事項④の期日または期間の初日の2週間前までに，株主に募集事項を通知または公告しなければなりません（会法201③④）。これは，後述のとおり，一定の場合に株主に株式発行の差し止めをする権利が認められており，株式発行の内容を判断する機会を与える必要があるからです。

　また，株主割当の方法により株式を発行する場合には，(イ)⑦の申込期日の2週間前までに，株主に募集事項，その株主が割当てを受ける募集株式の数，申込期日を通知しなければなりません（会法202④）。これを受けて株主は，募集株式を引き受けるかどうかを判断することになります。

(3) 申込み

　株式会社は，募集株式の申込みをしようとする者に対し，その会社の商号，募集事項，金銭の払込みをすべきときは払込みの取扱場所などを通知しなければなりません（会法203①）。そして，申込みをする者は，氏名や住所，引き受けようとする募集株式の数を記載した書面を会社に提出して，募集株式の申込

みを行います（会法203②）。

(4) 割当て

　申込みを受けた株式会社は，申込者のうち募集株式の割当てを受ける者，割り当てる募集株式の数を決めます（会法204①）。なお，募集株式が譲渡制限株式である場合には，定款に特別の定めがある場合を除き，株主総会（取締役会設置会社は取締役会）の決議によって決めなければなりません（会法204②）。

　株式会社は，誰に対して何株割り当てるかを自由に決めることができます。これを割当自由の原則といいます。例えば，申込者が申込みをした株式数よりも少なく割り当てることも可能です。

　株式会社が割当てを行った場合には，募集事項④の期日または期間の初日の各前日までに，申込者に対し，その申込者に割り当てる募集株式の数を通知しなければなりません（会法204③）。

　なお，株主割当の場合，株主が申込期日までに申込みをしないときは，募集株式の割当てを受ける権利を失うことになります（会法204④）。

> **プラスα：申込みや割当ての例外**
>
> **１．総数引受契約の場合（会法205）**
> 　募集株式を引き受けようとする者が，会社との間で，その全部を引き受ける契約（総数引受契約）を結ぶ場合には，申込みや割当てといった考え方はあてはまりません。そのため，(3)の申込みや(4)の割当てのルールには従わなくてよいことになっています。ただし，募集株式が譲渡制限株式である場合には，定款に特別の定めがある場合を除き，株主総会（取締役会設置会社は取締役会）の決議によって総数引受契約の承認を受けなければなりません。
>
> **２．公開会社の支配株主の異動を伴う場合（会法206の２）**
> 　公開会社は，取締役会の決議により募集株式の割当てを行うことができ

ますが，支配株主に異動があるような割当てを行う場合には，募集事項④の期日または期間の初日の２週間前までに，原則として株主に対して一定の内容を通知または公告しなければなりません。そして，総株主の議決権の10分の１以上の議決権を保有する株主が反対した場合には，その引受人への割当てなどについて，原則として株主総会の決議による承認が必要となります。

　なお，支配株主の異動があるような場合とは，例えばその募集株式の割当てにより，その会社の議決権の過半数を保有する株主が変わるような場合をいいます。

(5) 出　　資

　募集株式の割当てを受けた申込者は，募集事項④の期日または期間内に株式会社に出資します（会法208①）。具体的には，出資する財産が金銭の場合には所定の金融機関などに払込みを行い，金銭以外の財産の場合にはその財産を株式会社に引き渡すことになります。

(6) 株主となる時期

　出資した者は，株式会社が募集事項④の期日を決めた場合にはその期日に，期間を決めた場合には出資した日に，出資した募集株式の株主となります（会法209①）。

(7) 登　　記

　募集株式が発行されると，会社が発行している株式の数や資本金が増加することが考えられます。そこで，募集事項④の期日または期間の末日から２週間以内に発行済株式の総数や資本金などの変更登記を申請します（会法915①）。

> **プラスα**：種類株式の発行

定款の定め	次の内容を定める定款変更決議※1 ① 発行可能種類株式総数 ② 発行する各種類の株式の内容
発行手続	募集株式の発行手続※2 →発行決議，申込み，割当て，払込みなど
登　　記	・定款の定めを設けた段階 　（原則として）上記①②の内容に関する変更登記 ・現実に種類株式を発行した段階 　発行済各種の株式の数，資本金の額などの変更登記

※1　ある種類の株主に損害を及ぼすおそれがあるときは，原則としてその種類の株主総会（種類株主総会）の決議も必要となる。
※2　発行済株式の一部を種類株式に変更する方法もある。

5．株式発行と救済措置
(1) 株式発行の効力発生前

　株式の発行が法令や定款に違反していたり，著しく不公正な方法により行われるような場合で，株主が不利益を受けるおそれがあるときは，株主は会社に対し，株式の発行をやめることを請求することができます（会法210）。これは株式発行の差止請求権と呼ばれるもので，株式発行の効力発生前に株主を救済するための措置となります。

【差止請求の対象となり得る具体例】
・会社法で必要とされている決議を行わない場合（法令違反）
・定款に定める発行可能株式総数を超える株式を発行する場合（定款違反）
・会社の支配について争いがある場合に，取締役が自分の議決権を確保しようとして不当な目的で株式発行を行う場合（著しく不公正な方法）

(2) 株式発行の効力発生後

　株式発行の効力が発生したものの，手続が法令に違反しているような場合には，一定のルールに従って新株発行の無効の訴えを起こすことができます（会法828①二）。ただし，前述の株式発行の差止請求権と異なり，どのような場合にこの訴えが認められるかが会社法で決められていません。一般的には，株式の発行に重大な法令や定款の違反がある場合には，株式の発行が無効であると考えられています。

③ 新株予約権

１．新株予約権とは

　新株予約権とは，その権利（新株予約権）を株式会社に対して行使することにより，その株式会社の株式の交付を受けることができる権利をいいます（会法２二十一）。文字どおり，「新株」の交付を「予約」する「権利」ということができ，将来株式に代わる可能性があることから潜在的な株式などともいわれています。

　新株予約権は，役員の報酬（ストックオプション）として利用されることがあります。後述のとおり，株式会社が新株予約権を発行する場合には，発行する段階や行使する段階で何円支払ってもらうか（発行価額，行使価額），行使にあたり新株予約権と何株の株式を引き換えるのか，いつからいつまで行使できるか（行使期間）などを決めることになります。役員に新株予約権を与えるときに，例えば発行する段階は０円，行使する段階では新株予約権１個あたり1,000円，新株予約権１個と株式１株を引き換えられることにすると，役員の采配や経営努力などにより株式の価値が1,000円より高くなれば，役員自身が持っている新株予約権の価値（株式に代えたときの価値）も高まります。このように役員が会社の業績アップを実現し株式の価値が高まることで，自分の財産にとってもプラスになるようなメリットを与えれば，役員の士気向上のために新株予約権を活用することができます。

【新株予約権】

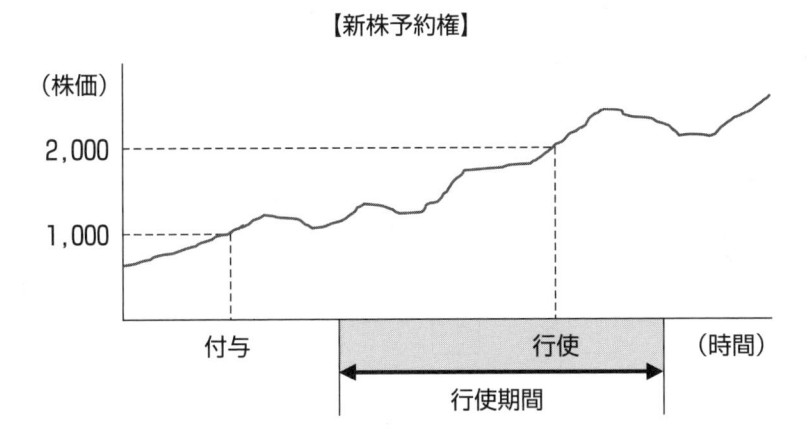

また，新株予約権は，会社に敵対的な株式の買付けを行う買収者が現れた場合に，買収防衛策として活用されることもあります。例えば，このような場合に株主に新株予約権が交付され，その行使により買収者以外の株主に議決権のある株式が交付されれば，買収者の議決権の割合を低下させることができます。

このほか，新株予約権と後述する社債をセットして新株予約権付社債を発行することもあります。

【新株予約権の活用例】

活用例	① ストック・オプション ・一定数の株式を特定の期間内に所定の価額で会社から取得しうる権利 ・業績連動型報酬の一形態として利用 ② 買収防衛策 ・会社が敵対的買収（株式取得）に備えて，平時に新株予約権を発行しておき，敵対的買収者が現れた場合にその権利行使によって買収者の持株比率を低下させることを狙うもの ③ 新株予約権付社債 ・新株予約権を付した社債

２．新株予約権の発行

【新株予約権の発行の流れ】

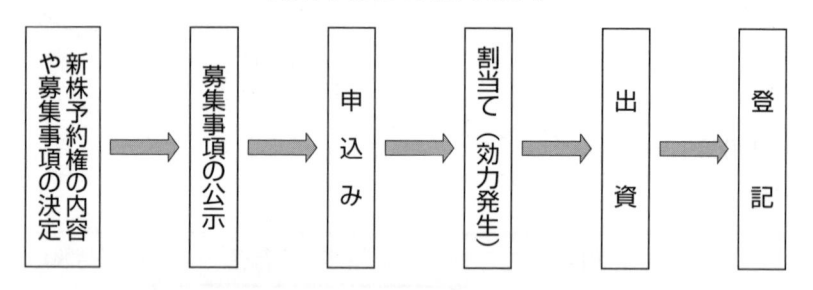

新株予約権の内容や募集事項の決定 → 募集事項の公示 → 申込み → 割当て（効力発生） → 出資 → 登記

　新株予約権の発行は，株式の発行と同じような流れで手続を行います。

　株式会社は新株予約権の内容や募集事項を定め決議を行います。一定の場合には株主への通知や公告が必要となります。そして，申込者からの申込みを踏まえて割当てを行い，必要に応じて出資を受けます。新株予約権を発行した場合には，その登記を申請することになります。

　ただし，株式の発行とは以下の点などで異なることになります。

　例えば，発行にあたって定めるべき内容や募集事項です。株式会社が新株予約権を発行する場合には以下の上段の事項を新株予約権の内容とし（会法236①），募集にあたってはその都度，以下の下段の事項を定めなければなりません（会法238①）。

【新株予約権の内容と募集事項】

新株予約権の内容	① 新株予約権の目的である株式の数またはその数の算定方法 ② 新株予約権の行使の際に出資される財産の価額またはその算定方法 ③ 金銭以外の財産を当該新株予約権の行使時の出資の目的とするときはその旨，その財産の内容や価額 ④ 新株予約権を行使することができる期間 ⑤ 新株予約権の行使により株式を発行する場合における増加する資本金や資本準備金に関する事項 ⑥ 譲渡による当該新株予約権の取得についてその株式会社の承認を要することとするときはその内容 ⑦ 会社が一定の条件で新株予約権を取得することができることとするときはそれらの内容 ⑧ 会社が合併，吸収分割，新設分割，株式交換，株式移転をする場合において，その新株予約権者に吸収合併存続会社，新設合併設立会社，吸収分割承継会社，新設分割設立会社，株式交換完全親会社，株式移転設立完全親会社の新株予約権を交付することとするときはその旨及びその条件 ⑨ 新株予約権を行使した新株予約権者に交付する株式の数に一株に満たない端数がある場合において，これを切り捨てるものとするときはその旨 ⑩ 新株予約権（新株予約権付社債を除く）に係る新株予約権証券を発行するときはその旨 ⑪ ⑩の場合に新株予約権者が記名式と無記名式の新株予約権証券の転換の請求の全部または一部をすることができないこととするときはその旨
募集事項	① 募集新株予約権の内容及び数 ② 募集新株予約権と引換えに金銭の払込みを不要とする場合にはその旨 ③ ②以外の場合には募集新株予約権の払込金額（募集新株予約権1個と引換えに払い込む金銭）またはその算定方法 ④ 募集新株予約権を割り当てる日 ⑤ 募集新株予約権と引換えにする金銭の払込期日を定めるときはその期日 ⑥ 募集新株予約権が新株予約権付社債に付けられたものであるときは募集社債の内容 ⑦ ⑥の場合に特別の定めをするときはその定め

また，株式の発行における株主となる時期と，新株予約権の発行における新株予約権者となる時期も異なります。株式の発行においては払込みをする期日などに株主となるのに対し，新株予約権の発行においては割当日に新株予約権者となります（会法245①）。つまり，仮に新株予約権の発行において払込期日（募集事項⑤）を定めた場合でも，新株予約権の申込者は，その払込期日が来たり実際の払込みをすることによって新株予約権者となるわけではありません。なお，後述のとおり，新株予約権者は，募集新株予約権の払込期日までに払込金額の全額の払込みをしないときは，募集新株予約権を行使することができないことになっています。

　その他，株式会社は，新株予約権を発行した日以後遅滞なく，新株予約権原簿を作り，一定の内容を記載（記録）しなければなりません（会法249）。

3．新株予約権の譲渡

(1) 新株予約権の譲渡

　新株予約権者は，原則として保有する新株予約権を自由に譲渡することができます（会法254①）。そして，新株予約権のタイプによっても異なりますが，新株予約権の譲渡は，新株予約権の取得者の氏名や住所を新株予約権原簿に記載（記録）しなければ，原則として株式会社やその他の第三者に対抗することができません（会法257①）。

(2) 譲渡の制限

　新株予約権の譲渡は，会社法のルールや発行する株式会社の定めによって制限される場合があります。

　例えば，新株予約権付社債では，新株予約権と社債をセットで譲渡することになっています（会法254②③）。いい換えると，社債が消滅していない限り新株予約権のみを切り離して譲渡することができませんし，逆に新株予約権が消滅していない限り社債のみを単独で譲渡することもできません。

　その他，株式会社が新株予約権の内容として，譲渡による新株予約権の取得

について株式会社の承認を要すると定めたときは（新株予約権の内容⑥），新株予約権の譲渡による取得について，株式会社の承認が必要となります。

4．新株予約権の行使

　新株予約権者は，行使する新株予約権の内容や数，新株予約権を行使する日を明らかにして，定められた行使期間（新株予約権の内容④）内に新株予約権を行使することができます（会法280①）。この場合，新株予約権者は，新株予約権の行使の日に，行使の際に出資される財産に定められたとおり（新株予約権の内容②，③），金銭の全額の払込みまたは財産の給付をしなければなりません（会法281①）。

　新株予約権者は，新株予約権を行使した日に，新株予約権の目的となっている株式の株主となります（会法282①）。新株予約権の行使に伴い，変更登記の申請が必要となりますが，行使される度に登記を申請する必要はなく，毎月末日ごとに申請すればよいことになっています（会法915③）。

　なお，株式会社は，自社の新株予約権を保有することもできますが（自己新株予約権），自己新株予約権を行使することはできません（会法280⑥）。

4 社　　債

1．社債とは

　社債は，会社法のルールに従った会社の借入金のような位置づけであり，会社が返済する義務を負うものです。

　株式と社債の特徴が比較されることがありますが，株式や社債を保有する者に対して会社が返済する義務があるかどうかという点が，大きく異なることになります。株式の場合，会社法では原則として出資の払戻しが認められていないため，株式会社が株主に対して出資金を返還する義務はありません。これに対して，社債の場合，社債を発行する際に払い込まれた金額は，返済時期（償還期限）が来れば社債を保有する者（社債権者）に返済しなければなりません。

その他，例えば株主は株主総会を通して会社の経営に参加することができるのに対し，社債権者は基本的には会社の経営への参加が認められていないなどの違いもあります。

2．社債の発行
(1) 社債の発行
会社が社債を発行する場合には，その都度，募集する社債の総額や各募集社債の金額，募集社債の利率，償還方法や期限，利息の支払いの方法や期限，社債券を発行するときはその旨，各募集社債の払込金額に関する内容，募集社債と引換えにする金銭の払込期日などを定めます（会法676）。そして，申込者に一定の内容を通知し，申込者からの申込みを踏まえて割当てを行います（会法677①，678①）。申込者はこの割当てにより社債権者となります。申込者は会社が定めた内容に従い，払込期日までに払込みなどを行わなければなりません。

会社は，社債を発行した日以後遅滞なく社債原簿を作り，一定の内容を記載（記録）しなければなりません（会法681）。

(2) 社債管理者
会社が社債を発行する場合には社債管理者を定め，社債権者のために弁済の受領，債権の保全その他の社債の管理を行うことを委託しなければなりません。ただし，各社債の金額が1億円以上の場合や社債権者の保護に欠けるおそれがないものとして法務省令で定める場合は除きます（会法702）。

社債管理者は，銀行や信託会社などでなければなりません（会法703）。また，社債管理者は，社債権者のために公平かつ誠実に，善良な管理者の注意をもって社債の管理を行わなければなりません（会法704）。そして，社債管理者は，社債権者のために社債に係る債権の弁済を受け，または社債に係る債権の実現を保全するために必要な一切の裁判上または裁判外の行為をする権限があります（会法705①）。

3．利息の支払いと社債の償還

　社債の発行時に利息の支払いが約束されている場合には，その支払時期ごとに利息が支払われます。また，社債は借入金のような位置づけですので，社債の発行時の定めに従い，原則として社債の金額と同額が返済されます。これを社債の償還といい，社債の返済期限のことを償還期限といいます。

　このように社債権者は社債を償還期限まで持ち続けると，発行時の定めに従い社債の金額とその利息を受け取ることができ，あたかも会社に貸したお金を利息付きで返済してもらうように捉えることもできます。

4．社債権者集会

　社債権者は数が多く，プロの投資家に限らず一般の人たちが多数いることも考えられます。そこで，社債権者の利益を保護するため，社債の種類ごとに社債権者をメンバーとする社債権者集会が置かれています（会法715）。社債権者集会では，会社法に定められている事項や社債権者の利害に関する事項について決議をすることができます（会法716）。例えば，社債全部の支払いを猶予したり，社債全部についての裁判の手続をする場合などがこれにあたります。

　なお，社債権者集会の決議は，裁判所の認可を受けなければ効力が生じません（会法734①）。

5．新株予約権付社債

　新株予約権付社債とは，新株予約権が付いている社債をいいます（会法2二十二）。新株予約権付社債はあくまでも社債の1つのスタイルなので，社債の償還期限まで持ち続ければ，発行時の定めに従い社債の金額とその利息を受け取ることができます。

　一方，新株予約権としての性質も兼ね備えていますので，新株予約権の行使期間内であれば新株予約権を行使して，株主になるという選択肢もあり得ます。しかも，通常の新株予約権の場合には，新株予約権の行使の際に定められた払込金額などを払い込みますが，新株予約権付社債の場合には，社債の金額を払

込みにあてるので新たな払込みをするわけではありません。そのため，新株予約権の行使の段階で，新株予約権の目的となっている株式の価値が，新株予約権付社債の取得時に支払った金額より大きく上回るような場合には，新株予約権を行使して株主になることで利益が得られることも考えられます。

第6章　会社の計算

　株式会社の決算書はどのように作られているのでしょうか。また，会社の利益から，株主が配当金をもらえることもあるそうですが，そのルールはどのようになっているのでしょうか。

　株式会社は，会社の活動における資金の流れや財産の増減などを記録し，それを貸借対照表や損益計算書などの決算書といわれる書類にまとめなければなりません。また，会社に利益が出ていれば，株主に配当することも考えられます。こういった数字の計算に関するルールは，会社法や会社計算規則などで細かく決められています。本章では，株式会社の計算のルールを解説します。

1　会計帳簿と計算書類

1．会社の計算

　株式会社は，売上や調達した資金などを使って事業を展開していきますが，会社の活動における資金の流れや財産の増減などは，ルールに従って記録し，一定期間保存しなければなりません。株式会社の計算に関するルールは，会社法や会社計算規則などで細かく決められています。株式会社はこのような法令に従って会計帳簿や計算書類を作り，保存することになります。

　ルールに従った会計帳簿や計算書類を作ることは，会社自身の経営に役立てられるばかりでなく，株式会社と利害関係を持つ人たちにとっても大きな意味があります。例えば，株主は自分たちが配当を受けられるのかという視点から会社の状況が気になるでしょうし，会社に融資をしている金融機関（債権者）などは自分の貸したお金を返済してもらえるのかという視点から大きな関心があるはずです。そのため，株主や債権者などは，一定のルールに従って，会社の会計帳簿や計算書類をチェックできる制度（閲覧請求権）も用意されていま

す。

2．会計帳簿
(1) 会計帳簿とは

　株式会社は，会社計算規則などのルールに従い，適時に正確な会計帳簿を作らなければなりません（会法432①）。会計帳簿は，会社の財産や損益などを明らかにするために作られる帳簿で，仕訳帳や総勘定元帳などがこれにあたります。また，株式会社は会計帳簿の閉鎖のときから10年間，会計帳簿や事業における重要な資料を保存しなければなりません（会法432②）。

(2) 会計帳簿の閲覧請求権

　原則として総株主の議決権の100分の3以上の議決権を保有する株主，発行済株式（自己株式を除く）の100分の3以上の数の株式を保有する株主は，株式会社の営業時間内に，会計帳簿や関係資料の閲覧（見ること），謄写（書き写したり印刷すること）を請求することができます（会法433①）。また，株式会社の親会社の社員は，その権利を行使するため必要があるときは，裁判所の許可を得て，会計帳簿や関係資料の閲覧，謄写を請求することができます（会法433③）。

3．計算書類等

　株式会社は上記の会計帳簿に基づき計算書類等を作りますが，計算書類等の重要性から，作成，チェック，承認，情報公開と様々なルールが決められています。

【計算書類の承認手続（原則）】

計算書類等の作成，保存
⇩
監査役（または会計監査人）の監査，取締役会の承認
⇩
株主への提供（取締役会設置会社）
⇩
定時株主総会における計算書類の承認等
⇩
計算書類の公告

(1) **計算書類等の作成**

　株式会社は，会社計算規則などのルールに従い，成立の日における貸借対照表や各事業年度における計算書類，事業報告，これらの附属明細書を作成しなければなりません（会法435①②）。会社法や会社計算規則では，計算書類とは，貸借対照表，損益計算書，株主資本等変動計算書，個別注記表をいうことと定められています（会法435②，会社計算59①）。株式会社は，計算書類の作成時から10年間，計算書類やその附属明細書を保存しなければなりません（会法435④）。

(2) **貸借対照表と損益計算書**

　計算書類のうち目に触れる機会が多いのが，貸借対照表（B/S, Balance Sheet）と損益計算書（P/L, Profit and Loss statement）です。

　貸借対照表は，一時点における企業の財政状態を明らかにするもので，資産，負債，純資産の各部から組み立てられています。例えば，3月末が決算期（事業年度の末日）の会社では，一般的には3月31日時点の内容で作成します。

　これに対して損益計算書は，一会計期間における企業の経営成績を明らかにするもので，収益と費用，当期純損益（最終的に利益なのか損失なのか）を表

示しています。例えば，3月末が決算期の会社では，平成●1年4月1日から平成●2年3月31日までの内容で作成します。

【貸借対照表】

(平成●2年3月31日現在)　　　　　　　　　株式会社○○○

資産の部		負債の部	
流動資産	××	流動負債	××
現　　金	××	支払手形	××
預　　金	××	買　掛　金	××
受取手形	××	短期借入金	××
売　掛　金	××	未　払　金	××
有価証券	××	固定負債	××
前払費用	××	長期借入金	××
短期貸付金	××	負債合計	××
固定資産	××	純資産の部	
有形固定資産	××	株主資本	××
建　　物	××	資　本　金	××
土　　地	××	資本剰余金	××
無形固定資産	××	資本準備金	××
電話加入権	××	その他資本剰余金	××
投資その他の資産	××	利益剰余金	××
投資有価証券	××	利益準備金	××
長期貸付金	××	その他利益剰余金	××
		別途積立金	××
		繰越利益剰余金	××
		自己株式	××
		新株予約権	××
		純資産合計	××
資産合計	××	負債及び純資産合計	××

【損益計算書】

(自　平成●1年4月1日　至　平成●2年3月31日)

株式会社○○○

Ⅰ　売　上　高		××
Ⅱ　売　上　原　価		××
売上総利益		××
Ⅲ　販売費及び一般管理費		××
営　業　利　益		××
Ⅳ　営業外収益		
受取利息	××	
受取配当金	××	××
Ⅴ　営業外費用		
支　払　利　息	××	
売　上　割　引	××	××
経　常　利　益		××
Ⅵ　特　別　利　益		
固定資産売却益	××	
その他の特別利益	××	××
Ⅶ　特　別　損　失		
固定資産売却損	××	
その他の特別損失	××	××
税引前当期純利益		××
法　人　税　等	××	
法人税等調整額	××	××
当期純利益		××

(3)　計算書類等の監査と承認

　作成された計算書類等は，次の区分に従い，監査役や会計監査人の監査を受けることになります。

　　(ア)　監査役設置会社（会計監査人設置会社を除く）

　　　監査役設置会社（会計監査人設置会社を除く）では，監査役の監査の範

囲にかかわらず，(1)の各事業年度における計算書類，事業報告，これらの附属明細書について監査役の監査を受けなければなりません（会法436①）。

　(イ)　会計監査人設置会社

　　　会計監査人設置会社では，(1)の各事業年度における計算書類，その附属明細書については監査役及び会計監査人，事業報告，その附属明細書については監査役の監査を受けなければなりません（会法436②）。

　　　なお，監査等委員会設置会社，指名委員会等設置会社では監査役がいませんので，上記の監査役という部分が，監査等委員会設置会社においては監査等委員会，指名委員会等設置会社においては監査委員会にそれぞれ変わります。

　(ウ)　取締役会の承認

　　　取締役会設置会社では，(1)の各事業年度における計算書類，事業報告，これらの附属明細書（(ｱ)，(ｲ)の監査が必要な場合には監査を受けたもの）について，取締役会の承認を受けなければなりません（会法436③）。

(4)　株主への提供

　　取締役会設置会社では，取締役は，定時株主総会の招集通知に際して，一定のルールに従い，(3)の(ウ)の承認を受けた計算書類，事業報告（(3)の(ｱ)，(ｲ)の監査が必要な場合には監査報告や会計監査報告を含む）を株主に提供しなければなりません（会法437）。

(5)　定時株主総会への提出（提供）

　　取締役は次の区分に従い，計算書類，事業報告を定時株主総会に提出（提供）しなければなりません（会法438①）。そして，計算書類については原則として定時株主総会の承認を受けなければならず，また，事業報告については，取締役はその内容を定時株主総会に報告しなければなりません（会法438②③）。ただし，会計監査人設置会社では，一定の場合には，定時株主総会での承認に代えて，取締役が計算書類の内容を定時株主総会に報告することで足りる場合

があります（会法439）。

> ① (3)(ア)の監査役設置会社（取締役会設置会社を除く）
>   (3)(ア)の監査を受けた計算書類，事業報告
> ② (3)(イ)の会計監査人設置会社（取締役会設置会社を除く）
>   (3)(イ)の監査を受けた計算書類，事業報告
> ③ 取締役会設置会社
>   (3)(ウ)の承認を受けた計算書類，事業報告
> ④ その他の株式会社
>   (1)の各事業年度における計算書類，事業報告

(6) 計算書類の公告と備置き

　株式会社は，定時株主総会の終結後遅滞なく，大会社では貸借対照表，損益計算書を，その他の会社では貸借対照表を公告しなければなりません（会法440①）。この公告は，定款で定めた方法，つまり官報，日刊新聞紙（読売新聞や日本経済新聞など），電子公告（会社指定のホームページ）などに掲載して行います。なお，有価証券報告書を提出している会社については，この公告は不要です（会法440④）。

　また，株式会社は，各事業年度における計算書類，事業報告，これらの附属明細書を一定期間，本店に備え置かなければなりません（会法442①）。

2 資本金と準備金

1．純資産の部

　会社のホームページなどを見ると資本金の額が掲載されていることがあり，資本金の額は会社の規模を表す基準と考えられることもあるようです。もっとも現在の会社法では資本金の額に制限はありません。現実的に事業を行えるかどうかは別としても，資本金1円で株式会社を設立したり，一定の手続をとる

ことにより資本金の額を1円まで減らすこともできます。

　資本金の額は貸借対照表の純資産の部に書かれています。貸借対照表の純資産の部は、資本金や資本剰余金、利益剰余金などで構成され、資本剰余金は資本準備金とその他資本剰余金に、利益剰余金は利益準備金とその他利益剰余金に区分されています。

　この項目では、資本金と準備金を中心に解説します。

2．資本金
(1) 資本金とは

　資本金とは、会社の財産を確保するための一定の基準金額のことをいいます。例えば、株式会社は株主に利益を配当することができますが、利益の全てを配当してよいわけではありません。利益から資本金など一定の金額を差し引いて、残った部分を配当できるルールになっています。これは、株式会社に融資をしている金融機関（債権者）などが、基本的には会社の財産からしか返済を受けることができないため、利益をむやみに配当されると債権者を害することになりかねないからです。そのため、資本金は、会社の財産が配当などの形で社外に流出することに、一定のはどめをかける役割を果たしています。

(2) 原　　則

　会社は、原則として、設立時や（設立後の）株式発行時に出資された財産の合計額を資本金とします（会法445①）。つまり、「1株あたりの金額×発行済株式数＝資本金の額」という式が一応成り立つことになります。例えば、株式会社の設立にあたり1株あたり1万円で100株発行したとすると、資本金の額は原則として100万円になるということです。

(3) 例　　外

　設立時や株式発行時に出資された財産の2分の1までの額は、会社が定めることにより資本金としないことが認められています（会法445②）。例えば、(2)

の事例では，設立に際して1株あたり5,000円以下であれば資本金としないことができ，最低50万円（1株あたり5,000円×100株）を資本金とすればよいことになります。

なお，資本金としなかった残りの50万円は，次頁の**3.**で紹介する資本準備金に振り分けられます（会法445③）。また，株主総会の決議など一定のルールに従い資本金の額だけを減らすこともでき（減資），この場合も上記(2)の式が成り立たなくなります。

(4) 資本金の額の増加

資本金の額が増加する場面としては，(2)で確認したとおり，新たに株式を発行し出資を受けた場合が考えられます。また，一定のルールに従って準備金や剰余金を資本金に組み入れることができ，この場合にも資本金の額は増加します。

(5) 資本金の額の減少

株式会社は資本金の額を減少することもできます。しかし，やみくもに資本金の額を減少されると，株主や債権者などは不利益を受ける可能性もあります。そこで，株主や債権者に対して厳格な手続が求められています。

(ア) 株主総会の特別決議

資本金の額を減少する場合には，原則として株主総会の特別決議により，①減少する資本金の額，②減少する資本金の額の全部または一部を準備金とするときはその旨及び準備金とする額，③資本金の額の減少の効力発生日を定めなければなりません（会法447①）。

(イ) 債権者保護手続

債権者は資本金の額の減少について異議を述べることができます（会法449①）。そこで，株式会社は，原則として，①資本金の額の減少の内容，②計算書類の一部，③債権者が一定期間内（最低でも1か月以上）に異議を述べられることを官報に公告し，会社が把握している債権者には個別に

通知をしなければなりません（会法449②）。ただし，会社が公告をする方法として定款で日刊新聞紙や電子公告と定めている場合に，官報と定款で定めた公告方法の２つで公告をした場合には，債権者への個別の通知は省略できることになっています（会法449③）。

　このような手続を受けた債権者が③で定める期間内に異議を述べなかったときは，資本金の額の減少に承認をしたものとみなされます（会法449④）。これに対し，債権者が③の期間内に異議を述べたときは，資本金の額を減少してもその債権者を害するおそれがない場合を除き，会社はその債権者に対し，弁済（返済）や担保の提供などを行わなければなりません（会法449⑤）。

3．準 備 金

(1) 準備金とは

　株式会社は，会社法などのルールに従って，資本金のほかに準備金を積み立てなければなりません。準備金は，資本に近い性質を持っている資本準備金と，剰余金の配当（利益配当）などの際に積み立てられる利益準備金の大きく２種類に分類されています。これらの準備金を併せて，法定準備金と呼ぶこともあります。

　例えば，2.の(3)で紹介したとおり，設立時や株式発行時に資本金としなかった額は，資本準備金としなければなりません。また，剰余金を配当する場合には，資本準備金と利益準備金の合計額が資本金の４分の１になるまで，剰余金の配当により減少する剰余金の額の10分の１を，資本準備金または利益準備金に積み立てることになっています（会法445④）。

(2) 準備金の額の増加

　準備金の額が増加する場面としては，上記(1)のとおり，剰余金の配当の際に一定額を積み立てる場合が考えられます。また，これとは別に株主総会の普通決議により，剰余金を準備金に組み入れることができ，この場合にも準備金の額が増加します。

(3) 準備金の額の減少

　株式会社は準備金の額を減少することができます。この場合には，原則として株主総会の普通決議により，①減少する準備金の額，②減少する準備金の額の全部または一部を資本金とするときはその旨及び資本金とする額，③準備金の額の減少の効力発生日を定めなければなりません（会法448①）。また，原則として，資本金の額の減少の場合と同様に債権者保護手続が必要となります。

3　剰余金の配当

1．剰余金の配当とは

　株式会社は，貸借対照表の純資産額（資産－負債）から，資本金や法定準備金の合計額など一定の項目を差し引いた額を，会社法などのルールに従って，株主に配当することができます。これを剰余金の配当といいます。

　なお，前述のとおり，自己株式については，剰余金の配当をすることができません。

2．剰余金の配当の流れ

【剰余金の配当の流れ】

配当を支払う株主（基準日時点の株主など）の確定

⇩

配当額の確定

⇩

（定時）株主総会の招集手続

⇩

（定時）株主総会における承認

⇩

配当金の支払い

(1) 通常の配当

　株式会社が剰余金の配当をする場合には，誰に対して配当をするのか，その対象となる配当をする株主を特定する必要があります。例えば定款で，毎事業年度末日現在における最終の株主名簿に記載（記録）された株主に剰余金の配当を行うなどと定めることも考えられます。

　また，剰余金の配当にあたり，会社法などのルール上，株主に対していくら配当できるのかを確定する必要があります。なお，会社が株主に配当できる限度額を分配可能額といいます。

　さらに，剰余金の配当にあたっては，その都度，株主総会の普通決議により，①配当財産の種類や帳簿価額の総額，②株主に対する配当財産の割当てに関する事項，③剰余金の配当の効力発生日を定めなければなりません（会法454①）。剰余金の配当は定時株主総会で決議を行うことが多いですが，会社法上は臨時株主総会で決議を行うことも認められています。なお，配当する財産は必ずしも金銭でなくてもよく，一定のルールに従い現物配当をすることも可能です。

　株主総会で承認されると，実際に配当金の支払いなどを行います。

(2) 中間配当

　取締役会設置会社では，定款の定めにより，1事業年度で1回に限り，取締役会の決議により事業年度の途中に剰余金の配当をすることができます（会法454⑤）。これを中間配当といいます。なお，中間配当の場合の配当財産は金銭に限られています。

(3) 配当の制限

　株式会社の純資産額が300万円未満の場合には，剰余金の配当をすることができません（会法458）。

2．剰余金の配当と責任

　剰余金の配当についての会社法などのルールに違反して配当をした場合には，

配当金などを受けた者やその職務を行った業務執行取締役などは，会社に対し，交付を受けた配当金などの額を支払わなければなりません（会法462①）。

また，剰余金の配当をした日が含まれる事業年度の計算書類において，欠損が生じた場合には，その職務を行った業務執行取締役は，原則として欠損の額を支払わなければなりません（会法465①）。

第7章　会社組織の見直し

有名企業が合併するというニュースを見ましたが，合併とはどのようなことなのでしょうか。また，「○○ホールディングス」という会社を見かけますが，これはどのような仕組みなのでしょうか。

　会社が事業を行う中で，合併という手法を使って他の会社を吸収することがあります。また，いくつかの会社がグループで事業を展開するにあたり，株式交換や株式移転という手法を使って，「○○ホールディングス株式会社」といったホールディングカンパニーを作ることも考えられます。このような会社組織を見直す手法は，会社法の組織再編のルールに従って行われています。本章では，株式会社の組織再編について解説します。

1　組織再編とは

　会社が事業を行う中で，他の会社を吸収したり，他の会社に事業を切り分けたりすることがあります。特にグループで事業を展開している場合には，事業の効率性などの点から組織体制を見直し，グループ会社間で事業を移動させたりする必要性が出てくるかもしれません。また，ホールディングカンパニーを作って事業を展開するということも考えられます。このように会社組織を見直し再び組み立てることを組織再編と呼んでいます。そして，会社法では組織再編として，組織変更，合併，会社分割，株式交換，株式移転についてのルールを定めています。

2 組織変更

1．組織変更とは

　組織変更とは，株式会社が持分会社（合名会社，合資会社，合同会社）に，または持分会社が株式会社に組織体制を改めることをいいます（会法2二十六）。例えば，株式会社が合同会社に，合同会社が株式会社に組織を変える場合に組織変更が利用されます。

　なお，合名会社が合同会社になるなど，持分会社の間でスタイルを変える場合は，組織変更ではなく種類変更になります。

2．組織変更の手続

　A株式会社（株式会社）がA合同会社（持分会社）に組織変更する場合の会社法の手続について，一般的な流れを解説します。

(1)　組織変更計画の作成

　A株式会社は組織変更計画を作ります（会法743）。組織変更計画には，以下の内容を定めなければなりません（会法744①）。

---

① 持分会社の種別（合名会社，合資会社，合同会社）
② 持分会社の目的，商号，本店の所在地
③ 持分会社の社員の氏名または名称，住所，社員の種別（無限責任社員，有限責任社員），社員の出資の価額
④ ②，③のほか，設立する持分会社の定款の内容
⑤ 持分会社が組織変更に際して株式会社の株主に対してその株式に代わる金銭等（持分会社の持分を除く）を交付するときは，金銭等についての事項
⑥ ⑤の場合には，株式会社の株主（組織変更をする株式会社を除く）に対する⑤の金銭等の割当てに関する事項

⑦　株式会社が新株予約権を発行しているときは，持分会社が組織変更に際して新株予約権者に対して交付するその新株予約権に代わる金銭の額または算定方法
⑧　⑦の場合には，株式会社の新株予約権者に対する⑦の金銭の割当てに関する事項
⑨　組織変更の効力発生日

(2) 事前開示事項の備置き

A株式会社は，一定の日から組織変更の効力発生日まで，組織変更計画や一定の内容を記載（記録）した書面などを本店に備え置かなければなりません（会法775①②）。A株式会社の株主や債権者は，会社に備え置かれた内容を確認することができます（会法775③）。

(3) 株主総会の承認

A株式会社は，効力発生日の前日までに，組織変更計画について全ての株主の同意を得なければなりません（会法776①）。

(4) 債権者保護手続

A株式会社の債権者は，組織変更に異議を述べることができます（会法779①）。そこでA株式会社では，原則として，①組織変更をすること，②A株式会社の計算書類の一部，③債権者が一定期間内（最低1か月以上）に異議を述べられることを官報に公告し，会社が把握している債権者には個別に通知をしなければなりません（会法779②）。ただし，会社が公告をする方法として定款で日刊新聞紙や電子公告と定めている場合に，官報と定款で定めた公告方法の2つで公告をしたときは，債権者への個別の通知は省略できることになっています（会法779③）。

このような手続を受けた債権者が③で定める期間内に異議を述べなかったと

きは，組織変更を承認したものとみなされます（会法779④）。これに対し，債権者が③の期間内に異議を述べたときは，組織変更をしてもその債権者を害するおそれがない場合を除き，A株式会社はその債権者に対し，弁済（返済）や担保の提供などを行わなければなりません（会法779⑤）。

(5) その他の手続

A株式会社が株券や新株予約権を発行している場合には，株主や新株予約権者に対して，原則として一定の内容を公告したり通知しなければなりません。

(6) 効力発生

会社法の手続が滞りなく行われると，組織変更計画で定めた効力発生日に，組織変更の効力が発生します（会法745①）。そして，組織変更の効力発生をもってA株式会社がA合同会社になり，A株式会社は解散します。その結果，効力発生日に組織変更計画の内容に従い，A株式会社の定款はA合同会社の定款に変更されたものとみなされ，また，A株式会社の株主はA合同会社の社員となります（会法745②③）。

(7) 登　記

組織変更の効力発生後2週間以内に，管轄する法務局に登記を申請しなければなりません（会法920）。

3 合　併

1．合併とは

合併とは，2つ以上の会社が1つに合わされることをいいます。例えば，同じ業種どうしの会社が合併すれば業界におけるシェアを拡大することが期待できるでしょうし，異なる業種どうしの会社が合併すれば事業の幅が広がり多角的な経営ができる可能性があります。

合併すると合併した会社が事業を継続し，合併された会社は解散（消滅）することになります。この合併には，吸収合併と新設合併という2つのスタイルがあります。吸収合併とは，合併により消滅する会社の権利義務の全部を，合併後存続する会社に承継させるスタイルをいいます（会法2二十七）。これに対して新設合併とは，合併により消滅する会社の権利義務の全部を，合併により設立する会社に承継させるスタイルをいいます（会法2二十八）。この2つの違いは，吸収合併は合併契約を結ぶ時点で存在している会社どうしが合併し，そのうちの1社が事業を継続するのに対して，新設合併は合併に伴って新たに会社を設立し，その設立された会社が事業を継続することにあります。なお，前述のとおり，合併された会社はいずれの場合にも消滅することになります。

　また，合併にあたって，存続（または設立）する会社が事業を引き継ぐ代わりに，存続（または設立）する会社から消滅する会社の株主などに合併対価を与える場合があります。例えば，吸収合併にあたって存続するA株式会社が，合併対価として，消滅するB株式会社の株主に自社（A株式会社）の株式を発行することがあります。この場合には，B株式会社の株主は，合併後はA株式会社の株主になります。

【吸収合併】

会社が他の会社とする合併であって，合併により消滅する会社の権利義務の全部を合併後存続する会社に承継させるもの。

（例）合併対価がA社株式の場合（A社株式を株主Yに交付）

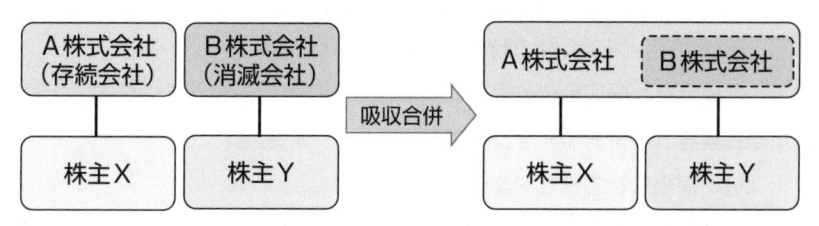

【新設合併】

2社以上の会社がする合併であって，合併により消滅する会社の権利義務の全部を合併により設立する会社に承継させるもの。

（例）合併対価がC社株式の場合（C社株式を株主X，株主Yに交付）

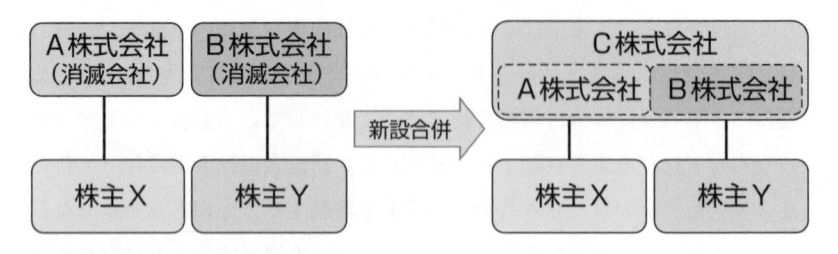

2．吸収合併の手続

　組織再編の中でもしばしば利用されているのが吸収合併です。例えば，金融機関や大企業などが合併（主に吸収合併）する場合には，ニュースなどでも様々な情報が紹介されています。

　A株式会社（存続会社）がB株式会社（消滅会社）を吸収合併する場合の会社法の手続について，一般的な流れを解説します。

(1) 吸収合併契約の締結

　A株式会社とB株式会社との間で吸収合併契約を結びます（会法748）。吸収合併契約には，以下の内容を定めなければなりません（会法749①）。

① 存続会社，消滅会社の商号，住所
② 存続会社が吸収合併に際して消滅会社の株主に対してその株式に代わる金銭等（合併対価）を交付するときはその内容等
　（例）存続会社の株式を交付する場合
　　→株式の数またはその数の算定方法，存続会社の資本金や準備金の額に関する事項

金銭等の財産（社債，新株予約権，新株予約権付社債を除く）を交付する場合
　　　→財産の内容，数や額またはこれらの算定方法
③　②の場合には消滅会社の株主（消滅会社及び存続会社を除く）に対する②の金銭等の割当てに関する事項
④　消滅会社が新株予約権を発行しているときは，存続会社が吸収合併に際してその新株予約権者に対して交付する新株予約権に代わる存続会社の新株予約権または金銭についての事項
⑤　④の場合には，消滅会社の新株予約権者に対する④の存続会社の新株予約権または金銭の割当てに関する事項
⑥　吸収合併の効力発生日

(2) 事前開示事項の備置き

　A株式会社，B株式会社は，一定の日から吸収合併の効力発生日の6か月後（B株式会社は効力発生日）まで，吸収合併契約や一定の内容を記載（記録）した書面などを本店に備え置かなければなりません（会法782①，794①）。それぞれの会社の株主や債権者は，それぞれの会社に備え置かれた内容を確認することができます（会法782③，794③）。

(3) 株主総会の承認

(ア)　原　　　則

　　A株式会社，B株式会社は，効力発生日の前日までに，原則として，株主総会の特別決議により，吸収合併契約について承認を得なければなりません（会法783①，795①）。

(イ)　略式合併の場合

　　A株式会社がB株式会社の特別支配会社である場合には，原則として両社で(ア)の株主総会の承認が不要となります。このような合併を略式合併と

呼んでいます（会法784①，796①）。なお，特別支配会社とは，例えばA株式会社がB株式会社の総株主の議決権の10分の9以上を保有しているような場合のA株式会社のことをいいます（会法468①）。

(ウ) 簡易合併の場合

A株式会社が，B株式会社の株主に対して，吸収合併の対価として交付する額が一定の範囲内である場合には，A株式会社の株主総会の承認が不要となることがあります。このような合併を簡易合併と呼んでいます（会法796②）。

(4) 株式買取請求

吸収合併に反対するA株式会社，B株式会社の株主は，会社法のルールに従って，それぞれの会社に株式を買い取ってもらうことを請求することができます（会法785①，797①）。株主にその機会を与えるため，両社はそれぞれの株主に対して，原則として効力発生日の20日前までに，吸収合併をすること，吸収合併の相手となる会社の住所や商号を通知しなければなりません（会法785③，797③）。株式の買取を希望する株主は，効力発生日の20日前の日から効力発生日の前日までの間に，その株式の数を明らかにして，会社法のルールに従って株式買取請求をしなければなりません（会法785⑤，797⑤）。

(5) 債権者保護手続

A株式会社，B株式会社の債権者は，吸収合併に異議を述べることができます（会法789①，799①）。そこで両社では，原則として，①吸収合併をすること，②吸収合併の相手の会社の商号，住所，③両社の計算書類の一部，④債権者が一定期間内（最低1か月以上）に異議を述べられることを官報に公告し，会社が把握している債権者には個別に通知をしなければなりません（会法789②，799②）。ただし，会社が公告をする方法として定款で日刊新聞紙や電子公告と定めている場合に，官報と定款で定めた公告方法の2つで公告をしたときは，債権者への個別の通知は省略できることになっています（会法789③，799

③)。

　このような手続を受けた債権者が④で定める期間内に異議を述べなかったときは，吸収合併を承認したものとみなされます（会法789④，799④）。これに対し，債権者が④の期間内に異議を述べたときは，吸収合併をしてもその債権者を害するおそれがない場合を除き，それぞれの会社はその債権者に対し，弁済（返済）や担保の提供などを行わなければなりません（会法789⑤，799⑤）。

(6)　その他の手続
　B株式会社が株券や新株予約権を発行している場合には，株主や新株予約権者に対して，原則として一定の内容を公告したり通知しなければなりません。

(7)　効力発生
　会社法の手続が滞りなく行われると，吸収合併契約で定めた効力発生日に，吸収合併の効力が発生します。具体的には，吸収合併の効力発生をもって，A株式会社がB株式会社の一切の権利義務を承継し，B株式会社は消滅（解散）することになります（会法750①）。

(8)　事後開示
　A株式会社は，効力発生日後遅滞なく，吸収合併によりA株式会社が承継したB株式会社の権利義務，その他一定の内容を記載（記録）した書面などを作り，効力発生日から6か月間，本店に備え置かなければなりません（会法801①③）。A株式会社の株主や債権者は，会社に備え置かれた内容を確認することができます（会法801④）。

(9)　登　　記
　吸収合併の効力発生後2週間以内に，管轄する法務局に登記を申請しなければなりません（会法921）。

3．新設合併の手続

A株式会社（消滅会社）とB株式会社（消滅会社）が新設合併し，C株式会社（設立会社）を設立する場合の会社法の手続について，一般的な流れを解説します。

(1) 新設合併契約の締結

A株式会社とB株式会社との間で新設合併契約を結びます。新設合併契約には，以下の内容を定めなければなりません（会法753①）。

① 消滅会社の商号，住所
② 設立会社の目的，商号，本店の所在地，発行可能株式総数
③ ②のほか，設立会社の定款の内容
④ 設立会社の設立時取締役の氏名
⑤ 設立会社が会計参与設置会社，監査役設置会社，会計監査人設置会社である場合は，それぞれの氏名や名称
⑥ 設立会社が新設合併に際して消滅会社の株主に対して交付するその株式に代わる設立会社の株式の数またはその数の算定方法，設立会社の資本金や準備金の額に関する事項
⑦ 消滅会社の株主（消滅会社を除く）に対する⑥の株式の割当てに関する事項
⑧ 設立会社が新設合併に際して消滅会社の株主に対してその株式に代わる設立会社の社債等を交付するときは，社債等についての事項
⑨ ⑧の場合には，消滅会社の株主（消滅会社を除く）に対する⑧の社債等の割当てに関する事項
⑩ 消滅会社が新株予約権を発行しているときは，設立会社が新設合併に際してその新株予約権者に対して交付する新株予約権に代わる設立会社の新株予約権または金銭についての事項
⑪ ⑩の場合には，消滅会社の新株予約権者に対する⑩の設立会社の新株

予約権または金銭の割当てに関する事項

(2) 事前開示事項の備置き

　A株式会社，B株式会社は，一定の日からC株式会社の成立の日まで，新設合併契約や一定の内容を記載（記録）した書面などを本店に備え置かなければなりません（会法803①）。それぞれの会社の株主や債権者は，それぞれの会社に備え置かれた内容を確認することができます（会法803③）。

(3) 株主総会の承認

　A株式会社，B株式会社は，株主総会の特別決議により，新設合併契約について承認を得なければなりません（会法804①）。なお，新設合併の場合は，吸収合併と異なり簡易合併や略式合併は認められていません。

(4) 株式買取請求

　新設合併に反対するA株式会社，B株式会社の株主は，会社法のルールに従って，それぞれの会社に株式を買い取ってもらうことを請求することができます（会法806①）。両社はそれぞれの株主に対して，原則として(3)の株主総会の決議の日から2週間以内に，新設合併をすること，他の消滅会社及び設立会社の商号，住所を通知しなければなりません（会法806③）。株式の買取を希望する株主は，この通知などの日から20日以内に，その株式の数を明らかにして，会社法のルールに従って株式買取請求をしなければなりません（会法806⑤）。

(5) 債権者保護手続

　A株式会社，B株式会社の債権者は，新設合併に異議を述べることができます（会法810①）。そこで両社では，原則として，①新設合併をすること，②他の消滅会社及び設立会社の商号，住所，③両社の計算書類の一部，④債権者が一定期間内（最低1か月以上）に異議を述べられることを官報に公告し，会社

が把握している債権者には個別に通知をしなければなりません（会法810②）。ただし，会社が公告をする方法として定款で日刊新聞紙や電子公告と定めている場合に，官報と定款で定めた公告方法の2つで公告をしたときは，債権者への個別の通知は省略できることになっています（会法810③）。

異議を述べた債権者への対応方法などは，基本的には吸収合併の場合と同様です。

(6) その他の手続

A株式会社，B株式会社が株券や新株予約権を発行している場合には，株主や新株予約権者に対して，原則として一定の内容を公告したり通知しなければなりません。

(7) 効力発生と登記

新設合併は，会社法の手続が滞りなく行われた後，新設合併の登記をすることにより効力が発生します（会法922①）。新設合併の効力発生をもってC株式会社が設立され，C株式会社がA株式会社，B株式会社の一切の権利義務を承継し，A株式会社，B株式会社は消滅（解散）することになります（会法754①）。

(8) 事後開示

C株式会社は，設立後遅滞なく，新設合併によりC株式会社が承継したA株式会社，B株式会社の権利義務，新設合併契約，その他一定の内容を記載（記録）した書面などを作り，設立の日から6か月間，本店に備え置かなければなりません（会法815①③）。C株式会社の株主や債権者は，会社に備え置かれた内容を確認することができます（会法815④）。

4 会社分割

1. 会社分割とは

　会社分割とは，株式会社または合同会社が，その事業に関する権利義務の全部または一部を他の会社に承継させることをいいます。例えば，不動産事業と小売事業を行っているB株式会社が，A株式会社に小売事業を切り分ける場合などに会社分割が利用されます。第三者どうしの会社で会社分割が行われることもありますが，グループ会社間で経営の効率化を図るために利用する場合もあります。

　この会社分割には，合併と同じく吸収分割と新設分割という2つのスタイルがあります。吸収分割とは，その事業に関する権利義務の全部または一部を，現時点で存在している会社に承継させるスタイルをいいます（会法2二十九）。これに対して新設分割とは，その事業に関する権利義務の全部または一部を，新たに設立する会社に承継させるスタイルをいいます（会法2三十）。

　会社分割が行われると，吸収分割契約や新設分割計画で定めた「事業に関する権利義務の全部または一部」が，1つのパッケージのような形で承継先の会社に承継されます（包括承継）。

【吸収分割】

株式会社などがその事業に関する権利義務の全部または一部を分割後他の会社に承継させること。

（例）分割対価がA社株式の場合（A社株式をB社に交付）

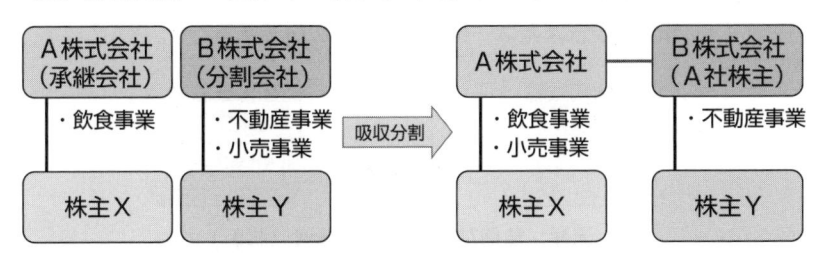

```
┌─────────┐ ┌─────────┐        ┌─────────┬─────────┐
│ A株式会社 │ │ B株式会社 │        │ A株式会社 │ B株式会社 │
│ (承継会社)│ │ (分割会社)│        │         │ (A社株主) │
├─────────┤ ├─────────┤ 吸収分割 ├─────────┼─────────┤
│・飲食事業 │ │・不動産事業│   ⇒    │・飲食事業 │・不動産事業│
│         │ │・小売事業 │        │・小売事業 │         │
├─────────┤ ├─────────┤        ├─────────┼─────────┤
│ 株主X   │ │ 株主Y   │        │ 株主X   │ 株主Y   │
└─────────┘ └─────────┘        └─────────┴─────────┘
```

【新設分割】

株式会社などがその事業に関する権利義務の全部または一部を分割により設立する会社に承継させること。

（例）分割対価がＡ社株式の場合（Ａ社株式をＢ社に交付）

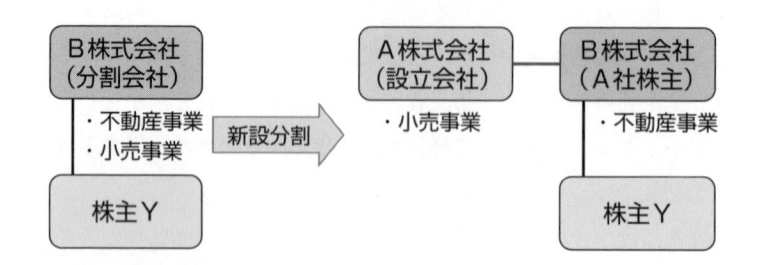

```
┌─────────┐                    ┌─────────┐   ┌─────────┐
│Ｂ株式会社│                    │Ａ株式会社│───│Ｂ株式会社│
│(分割会社)│                    │(設立会社)│   │(Ａ社株主)│
└─────────┘       新設分割      └─────────┘   └─────────┘
・不動産事業        ⇒           ・小売事業      ・不動産事業
・小売事業
    │                                              │
┌─────────┐                                    ┌─────────┐
│ 株主Ｙ  │                                    │ 株主Ｙ  │
└─────────┘                                    └─────────┘
```

> **プラスα：事業譲渡**
>
> 会社分割と似ている制度として，事業譲渡があります。
>
> 事業譲渡とは，文字どおり事業の全部または一部を他の会社に譲渡することをいいます。例えば，Ｂ株式会社で運営している小売事業をＡ株式会社に譲り渡すような場合に事業譲渡が利用されます。この場合，Ｂ株式会社の小売事業に関する資産や負債（借入金など）などは，Ａ株式会社に個別に移していくことになります。
>
> この点，会社分割では「事業に関する権利義務の全部または一部」が包括的に承継されますので，その性質が異なります。
>
> 【事業譲渡】
>
> 事業の全部または一部を他の会社に譲渡すること。
>
> ```
> ┌─────────┐              ┌─────────┐
> │Ａ株式会社│ ←─事業譲渡※─ │Ｂ株式会社│
> │ (譲渡人) │              │ (譲受人) │ 小売事業
> └─────────┘              └─────────┘
> ```
>
> ※ 資産，負債などを個別に譲渡（移転）

２．吸収分割の手続

A株式会社（承継会社）がB株式会社（分割会社）の事業に関する権利義務を吸収分割により承継する場合の手続について，一般的な流れを解説します。

(1) 吸収分割契約の締結

A株式会社とB株式会社との間で吸収分割契約を結びます（会法757）。吸収分割契約には，以下の内容を定めなければなりません（会法758）。

① 分割会社，承継会社の商号，住所
② 承継会社が吸収分割により分割会社から承継する資産，債務，雇用契約その他の権利義務に関する事項
③ 吸収分割により分割会社または承継会社の株式を承継会社に承継させるときは，その株式に関する事項
④ 承継会社が吸収分割に際して分割会社に対してその事業に関する権利義務の全部または一部に代わる金銭等（分割対価）を交付するときは，その金銭等についての事項
　（例）　承継会社の株式を交付する場合
　　　　→株式の数またはその数の算定方法，承継会社の資本金や準備金の額に関する事項
　　　　　金銭等の財産（社債，新株予約権，新株予約権付社債を除く）を交付する場合
　　　　→財産の内容，数や額またはこれらの算定方法
⑤ 承継会社が吸収分割に際して分割会社の新株予約権者に対してその新株予約権に代わる承継会社の新株予約権を交付するときは，その新株予約権についての事項
⑥ ⑤の場合には⑤の承継会社の新株予約権の割当てに関する事項
⑦ 吸収分割の効力発生日
⑧ 分割会社が効力発生日に取得条項付株式の取得（取得の対価が承継会

社の株式のみである場合）または剰余金の配当（配当財産が承継会社の株式のみである場合）を行う場合にはその旨

> **プラスα：分社型分割と分割型分割**
>
> 　会社分割には，分社型分割（または物的分割）と分割型分割（または人的分割）という分類方法があります。分社型分割とは，会社分割によって交付される分割対価（上記④）を分割会社がそのまま受け取るような会社分割をいいます。これに対して分割型分割とは，会社分割によって交付される分割対価をいったん分割会社が受けた後，会社分割の効力発生日に分割会社が剰余金の配当などを行うことにより，最終的にその分割対価を分割会社の株主が受け取るような会社分割をいいます。分割型分割を行う場合には，上記⑧の定めが必要となります。

(2) 事前開示事項の備置き

　A株式会社，B株式会社は，一定の日から吸収分割の効力発生日の6か月後まで，吸収分割契約や一定の内容を記載（記録）した書面などを本店に備え置かなければなりません（会法782①，794①）。それぞれの会社の株主や債権者は，それぞれの会社に備え置かれた内容を確認することができます（会法782③，794③）。

(3) 株主総会の承認

　A株式会社，B株式会社は，効力発生日の前日までに，原則として，株主総会の特別決議により，吸収分割契約について承認を得なければなりません（会法783①，795①）。また，吸収合併と同様に，略式吸収分割や簡易吸収分割も認められています。

(4) 株式買取請求

　吸収分割に反対するＡ株式会社，Ｂ株式会社の株主は，吸収合併と同様に会社法のルールに従って，それぞれの会社に株式を買い取ってもらうことを請求することができます（会法785①，797①）。

(5) 債権者保護手続

　Ａ株式会社の債権者は，吸収分割に異議を述べることができます（会法799①）。そこでＡ株式会社は，原則として，①吸収分割をすること，②吸収分割の相手の会社の商号，住所，③Ａ株式会社，Ｂ株式会社の各計算書類の一部，④債権者が一定期間内（最低１か月以上）に異議を述べられることを官報に公告し，会社が把握している債権者には個別に通知をしなければなりません（会法799②）。ただし，会社が公告をする方法として定款で日刊新聞紙や電子公告と定めている場合に，官報と定款で定めた公告方法の２つで公告をしたときは，債権者への個別の通知は省略できることになっています（会法799③）。異議を述べた債権者への対応方法などは，基本的には吸収合併の場合と同様です。

　これに対してＢ株式会社の場合は，吸収分割後，Ｂ株式会社に対して債務の履行を請求できない債権者のみ異議を述べることができます（会法789①）。いい換えると，吸収分割後もＢ株式会社に対して債務の履行を請求できる債権者は，異議を述べることができません。例えば，吸収分割によってＢ株式会社の債務がＡ株式会社に承継されない場合や，吸収分割によってＢ株式会社の債務がＡ株式会社に承継されるものの，その債務についてＢ株式会社が重畳的債務引受（Ａ株式会社だけでなく，Ｂ株式会社も債務者に加わるような契約）をしたり，連帯保証をしたような場合には，吸収分割後もＢ株式会社に対して債務の履行を請求することができます。そのため，このような債務の債権者は，吸収分割に異議を述べることができず，債権者保護手続の対象とはなりません。ただし，分割型分割（吸収分割契約⑧の定めがある分割）を行う場合には，債権者保護手続を省略することはできません。

　吸収分割に異議を述べることができるＢ株式会社の債権者に対しては，Ａ株

式会社の場合と同様に公告や催告などの債権者保護手続を行う必要があります。

> **プラスα：詐害的な会社分割における債権者の保護**
>
> 　前述のとおり，会社分割後も分割会社に対して債務の履行を請求できる債権者は，会社分割に異議を述べることができず，債権者保護手続の対象となりません。そうすると，例えば，分割会社が自社の債権者への返済を免れるため，負債全部を分割会社に残し，資産全部を承継会社に承継させるような会社分割を行った場合，分割会社の債権者はこの会社分割において債権者保護手続の対象とはならないことになります。分割会社の負債全部が分割会社に残っているということは，その債権者は会社分割後も分割会社に対して債務の履行を請求できることになるからです。このような会社分割が行われると，分割会社には負債だけが残り利益を出すことができないでしょうから，分割会社は債権者への返済ができなくなり，債権者に損害を与えることになります。
>
> 　このように，債権者を害することを知りながら行われる会社分割は，詐害的会社分割などと呼ばれており，近年，問題視されていました。
>
> 　そこで，平成26年改正で，分割会社が承継会社に承継されない債務の債権者を害することを知って会社分割をした場合には，その債権者は，承継会社に対して，承継した財産の価額を限度として，債務の履行を請求できることになりました（会法759④）。

(6)　その他の手続

　B株式会社が新株予約権を発行している場合には，新株予約権者に対して，原則として一定の内容を公告したり通知しなければなりません。

(7) 効力発生

会社法の手続などが滞りなく行われると，吸収分割契約で定めた効力発生日に，吸収分割の効力が発生します。そして，吸収分割の効力発生をもって，吸収分割契約の内容に従い，Ａ株式会社がＢ株式会社の権利義務を承継します（会法759①）。

なお，吸収合併の場合と異なり，Ｂ株式会社は吸収分割後も解散せず，存続することになります。

(8) 事後開示

Ａ株式会社，Ｂ株式会社は共同して，効力発生日後遅滞なく，吸収分割によりＡ株式会社が承継したＢ株式会社の権利義務，その他一定の内容を記載（記録）した書面などを作り，効力発生日から6か月間，本店に備え置かなければなりません（会法791①②，801③）。Ａ株式会社，Ｂ株式会社の株主や債権者は，それぞれ会社に備え置かれた内容を確認することができます（会法791③，801③）。

(9) 登 記

吸収分割の効力発生後2週間以内に，管轄する法務局に登記を申請しなければなりません（会法923）。

3．新設分割の手続

Ｂ株式会社（分割会社）が新設分割し，Ａ株式会社（設立会社）を設立する場合の手続について，一般的な流れを解説します。

(1) 新設分割計画の作成

Ｂ株式会社は新設分割計画を作ります（会法762①）。新設分割計画には，以下の内容を定めなければなりません（会法763①）。

① 設立会社の目的，商号，本店の所在地，発行可能株式総数
② ①のほか，設立会社の定款の内容
③ 設立会社の設立時取締役の氏名
④ 設立会社が会計参与設置会社，監査役設置会社，会計監査人設置会社である場合は，それぞれの氏名や名称
⑤ 設立会社が新設分割により分割会社から承継する資産，債務，雇用契約その他の権利義務に関する事項
⑥ 設立会社が新設分割に際して分割会社に対して交付するその事業に関する権利義務の全部または一部に代わる設立会社の株式の数またはその数の算定方法，設立会社の資本金や準備金の額に関する事項
⑦ 2以上の株式会社が共同して新設分割をするときは，分割会社に対する⑥の株式の割当てに関する事項
⑧ 設立会社が新設分割に際して分割会社に対してその事業に関する権利義務の全部または一部に代わる設立会社の社債等を交付するときは，社債等についての事項
⑨ ⑧の場合に2以上の株式会社が共同して新設分割をするときは，分割会社に対する⑧の社債等の割当てに関する事項
⑩ 設立会社が新設分割に際して分割会社の新株予約権者に対してその新株予約権に代わる設立会社の新株予約権を交付するときはその新株予約権についての事項
⑪ ⑩の場合には，⑩の設立会社の新株予約権の割当てに関する事項
⑫ 分割会社が効力発生日に取得条項付株式の取得（取得の対価が設立会社の株式のみである場合）または剰余金の配当（配当財産が設立会社の株式のみである場合）を行う場合にはその旨

(2) 事前開示事項の備置き

　B株式会社は，一定の日からA株式会社の成立の日の6か月後まで，新設分

割計画や一定の内容を記載（記録）した書面などを本店に備え置かなければなりません（会法803①）。株主や債権者は，会社に備え置かれた内容を確認することができます（会法803③）。

(3) 株主総会の承認

B株式会社は，株主総会の特別決議により，新設分割計画について承認を得なければなりません（会法804①）。なお，新設分割の場合は，簡易分割は認められていますが，略式分割は認められていません（会法805）。

(4) 株式買取請求

新設分割に反対するB株式会社の株主は，会社法のルールに従って，会社に株式を買い取ってもらうことを請求することができます（会法806①）。B株式会社は株主に対して，原則として(3)の株主総会の決議の日から2週間以内に，新設分割をすること，他の分割会社及び設立会社の商号，住所を通知しなければなりません（会法806③）。株式の買取を希望する株主は，この通知などの日から20日以内に，その株式の数を明らかにして，会社法のルールに従って株式買取請求をしなければなりません（会法806⑤）。

(5) 債権者保護手続

吸収分割における分割会社と同様，新設分割後，B株式会社に対して債務の履行を請求できない債権者は，新設分割に異議を述べることができます（会法810①）。新設分割に異議を述べることができるB株式会社の債権者に対しては，公告や催告などの債権者保護手続を行う必要があります。

なお，分割型分割（新設分割計画⑫の定めがある分割）を行う場合には，債権者保護手続を省略することはできません。

(6) その他の手続

B株式会社が新株予約権を発行している場合には，新株予約権者に対して，

原則として一定の内容を公告したり通知しなければなりません。

(7) 効力発生と登記
　新設分割は，新設合併と同様に，会社法の手続が滞りなく行われた後，新設分割の登記をすることにより効力が発生します（会法924①）。新設分割の効力発生をもってA株式会社が設立され，新設分割計画の内容に従い，A株式会社がB株式会社の権利義務を承継します。

(8) 事後開示
　B株式会社はA株式会社と共同して，A株式会社の設立後遅滞なく，新設分割によりA株式会社が承継したB株式会社の権利義務，その他一定の内容を記載（記録）した書面などを作り，設立の日から6か月間，本店に備え置かなければなりません（会法811①②，815③）。

5　株式交換

1．株式交換とは
　株式交換とは，株式会社がその発行する株式の全部を，他の株式会社または合同会社に取得させることをいいます（会法2三十一）。この株式交換は，後述する6の株式移転と併せて，会社どうしで完全親子関係を作る制度であるといわれています。
　例えば，株式交換を利用して，B株式会社の発行する株式の全部をA株式会社が取得するとします。この場合，株式交換後のB株式会社の株主はA株式会社のみとなり，A株式会社は株式交換によりB株式会社の株式を100％保有しB株式会社を支配することになります。このように株式を100％支配したA株式会社を完全親会社，100％支配されたB株式会社を完全子会社といい，株式交換により両社の間で完全親子関係が生まれます。

【株式交換】

株式会社がその発行する株式の全部を他の株式会社などに取得させること。

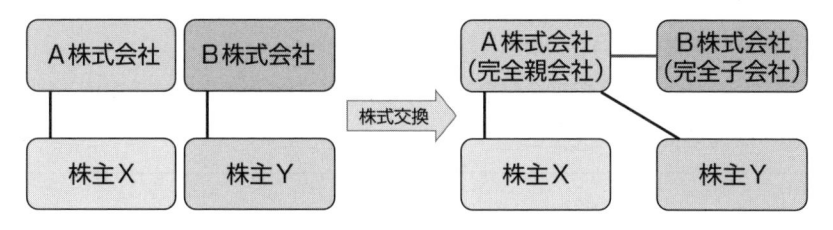

2．株式交換の手続

B株式会社（完全子会社）が発行する株式の全部を，A株式会社（完全親会社）に取得させる株式交換を行う場合の手続について，一般的な流れを解説します。

(1) 株式交換契約の締結

A株式会社とB株式会社との間で株式交換契約を結びます（会法767）。株式交換契約には，以下の内容を定めなければなりません（会法768①）。

> ① 完全子会社，完全親会社の商号，住所
> ② 完全親会社が株式交換に際して完全子会社の株主に対してその株式に代わる金銭等（対価）を交付するときは，その金銭等についての事項
>   （例） 完全親会社の株式を交付する場合
>   →株式の数またはその数の算定方法，完全親会社の資本金や準備金の額に関する事項
>   金銭等の財産（社債，新株予約権，新株予約権付社債を除く）を交付する場合
>   →財産の内容，数や額またはこれらの算定方法
> ③ ②の場合には，完全子会社の株主（完全親会社を除く）に対する②の金銭等の割当てに関する事項

④　完全親会社が株式交換に際して完全子会社の新株予約権者に対してその新株予約権に代わる完全親会社の新株予約権を交付するときは，その新株予約権についての事項
⑤　④の場合には④の完全親会社の新株予約権の割当てに関する事項
⑥　株式交換の効力発生日

(2)　事前開示事項の備置き

　A株式会社，B株式会社は，一定の日から株式交換の効力発生日の6か月後まで，株式交換契約や一定の内容を記載（記録）した書面などを本店に備え置かなければなりません（会法782①，794①）。それぞれの会社の株主や債権者は，それぞれの会社に備え置かれた内容を確認することができます（会法782③，794③）。

(3)　株主総会の承認

　A株式会社，B株式会社は，効力発生日の前日までに，原則として，株主総会の特別決議により，株式交換契約について承認を得なければなりません（会法783①，795①）。また，略式株式交換や簡易株式交換も認められています。

(4)　株式買取請求

　株式交換に反対するA株式会社，B株式会社の株主は，会社法のルールに従って，それぞれの会社に株式を買い取ってもらうことを請求することができます（会法785①，797①）。

(5)　債権者保護手続

　A株式会社が株式交換に際してB株式会社の株主に対してA株式会社の株式以外の財産を交付する場合には，A株式会社の債権者は，原則として株式交換に異議を述べることができます（会法799①）。また，B株式会社が新株予約権

付社債を発行しており，Ａ株式会社が株式交換に際してその新株予約権付社債の社債権者に対してＡ株式会社の新株予約権を交付する場合には，Ｂ株式会社の新株予約権付社債の社債権者は株式交換に異議を述べることができます（会法789①）。

　株式交換に異議を述べることができる債権者に対しては，公告や催告などの債権者保護手続を行う必要があります。

　以上の内容からわかるとおり，Ａ株式会社がＢ株式会社の株主に対してＡ株式会社の株式を交付する株式交換を行う場合には，債権者保護手続は不要ということになります。

(6) その他の手続

　Ｂ株式会社が株券や新株予約権を発行している場合には，株主や新株予約権者に対して，原則として一定の内容を公告したり通知しなければなりません。

(7) 効力発生

　会社法の手続などが滞りなく行われると，株式交換契約で定めた効力発生日に，株式交換の効力が発生します。そして，株式交換の効力発生をもって，Ａ株式会社はＢ株式会社の発行済株式（完全親会社の有する完全子会社の株式を除く）の全部を取得します（会法769①）。その結果，例えばＡ株式会社が株式交換に際してＢ株式会社の株主に対してＡ株式会社の株式を交付した場合には，Ｂ株式会社の株主は効力発生日にＡ株式会社の株主となります。

(8) 事後開示

　Ａ株式会社，Ｂ株式会社は共同して，効力発生日後遅滞なく，株式交換によりＡ株式会社が取得したＢ株式会社の株式の数，その他一定の内容を記載（記録）した書面などを作り，それぞれ効力発生日から６か月間，本店に備え置かなければなりません（会法791①②，801④）。

(9) 登　　記

　A株式会社は，変更後の資本金の額や発行済株式総数などについて，株式交換の効力発生後2週間以内に，管轄する法務局に登記を申請しなければなりません（会法915①）。

　なお，B株式会社は，一般的には株主の構成が変わるだけですので，登記の内容に影響はありません。そのため，特に登記の内容に変更がない限り，登記を申請する必要はありません。

6　株式移転

1．株式移転とは

　株式移転とは，株式会社がその発行する株式の全部を，新たに設立する株式会社に取得させることをいいます（会法2三十二）。5の株式交換と同じく，会社どうしで完全親子関係を作る制度であるといわれています。

　株式交換との違いは，株式交換が現時点で存在している会社どうしで行われるのに対して，株式移転は株式を取得させる株式会社を新たに設立する点にあります。例えば，「〇〇ホールディングス株式会社」といった持株会社を新たに設立するときに利用されます。

【株式移転】

株式会社がその発行する株式の全部を新たに設立する株式会社に取得させること。

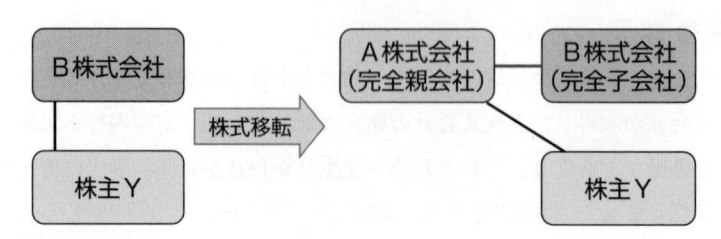

2．株式移転の手続

　B株式会社（完全子会社）がその発行する株式の全部を，新たに設立するA株式会社（完全親会社）に取得させる株式移転を行う場合の手続について，一般的な流れを解説します。

(1)　株式移転計画の作成

　B株式会社は株式移転計画を作ります（会法772①）。株式移転計画には，以下の内容を定めなければなりません（会法773①）。

---

① 完全親会社の目的，商号，本店の所在地，発行可能株式総数
② ①のほか，完全親会社の定款の内容
③ 完全親会社の設立時取締役の氏名
④ 完全親会社が会計参与設置会社，監査役設置会社，会計監査人設置会社である場合は，それぞれの氏名や名称
⑤ 完全親会社が株式移転に際して完全子会社の株主に対して交付するその株式に代わる完全親会社の株式の数またはその数の算定方法，完全親会社の資本金や準備金の額に関する事項
⑥ 完全子会社の株主に対する⑤の株式の割当てに関する事項
⑦ 完全親会社が株式移転に際して完全子会社の株主に対してその株式に代わる完全親会社の社債等を交付するときは，社債等についての事項
⑧ ⑦の場合には，完全子会社の株主に対する⑦の社債等の割当てに関する事項
⑨ 完全親会社が株式移転に際して完全子会社の新株予約権者に対してその新株予約権に代わる完全親会社の新株予約権を交付するときはその新株予約権についての事項
⑩ ⑨の場合には，⑨の完全親会社の新株予約権の割当てに関する事項

(2) 事前開示事項の備置き

B株式会社は，一定の日からA株式会社の成立の日の6か月後まで，株式移転計画や一定の内容を記載（記録）した書面などを本店に備え置かなければなりません（会法803①）。株主や債権者は，会社に備え置かれた内容を確認することができます（会法803③）。

(3) 株主総会の承認

B株式会社は，株主総会の特別決議により，株式移転計画について承認を得なければなりません（会法804①）。なお，株式移転の場合は，簡易組織再編や略式組織再編は認められていません。

(4) 株式買取請求

株式移転に反対するB株式会社の株主は，会社法のルールに従って，会社に株式を買い取ってもらうことを請求することができます（会法806①）。B株式会社は株主に対して，原則として(3)の株主総会の決議の日から2週間以内に，株式移転をすること，他の完全子会社及び完全親会社の商号，住所を通知しなければなりません（会法806③）。株式の買取を希望する株主は，この通知などの日から20日以内に，その株式の数を明らかにして，会社法のルールに従って株式買取請求をしなければなりません（会法806⑤）。

(5) 債権者保護手続

株式交換と同様に，B株式会社が新株予約権付社債を発行しており，A株式会社が株式移転に際してその新株予約権付社債の社債権者に対してA株式会社の新株予約権を交付する場合には，B株式会社の新株予約権付社債の社債権者は株式移転に異議を述べることができます（会法810①）。

株式移転に異議を述べることができる債権者に対しては，公告や催告などの債権者保護手続を行う必要があります。

株式交換と同様に，A株式会社がB株式会社の株主に対してA株式会社の株

式を交付する株式移転を行う場合には，債権者保護手続は不要ということになります。

(6) その他の手続

B株式会社が株券や新株予約権を発行している場合には，株主や新株予約権者に対して，原則として一定の内容を公告したり通知しなければなりません。

(7) 効力発生と登記

株式移転は，新設合併や新設分割と同様に，会社法の手続が滞りなく行われた後，株式移転の登記をすることにより効力が発生します（会法925）。株式移転の効力発生をもってA株式会社が設立され，B株式会社の発行済株式の全部を取得します（会法774①）。その結果，B株式会社の株主は効力発生日にA株式会社の株主となります。

(8) 事後開示

B株式会社はA株式会社と共同して，A株式会社の設立後遅滞なく，株式移転によりA株式会社が取得したB株式会社の株式の数，その他一定の内容を記載（記録）した書面などを作り，それぞれ設立の日から6か月間，本店に備え置かなければなりません（会法811①②，815③）。

第8章　会社の解散

現在，株式会社として事業を行っていますが，今後，事業を継続する予定がありません。会社をたたみたいのですが，法律のルールはどのようになっていますか。

会社法は株式会社の設立や運営などのルールだけでなく，会社をたたむ，いい換えると会社を解散する時のルールも定めています。会社をたたみたい，なくしたいといっても，会社法などの手続のステップを踏んで，一定の時間をかけて行うことになります。本章では，株式会社の解散などについて解説します。

1　会社の解散と清算

1．会社の解散

株式会社が事業を行っていく中で，様々な事情から事業を継続せずに会社をたたむという場合もあり得ます。会社をたたむ理由によって手続などが異なることもありますが，一般的には会社を解散し，清算手続の中で，持っている資産をお金に代えたり，支払うべき負債を返済したりすることになります。

会社法では，会社が解散する理由として次の内容が定められています（会法471）。これらのうち本書では，株主総会の決議によって解散し，一般的な清算手続を経て会社をたたむ（清算結了）までの流れについて解説します。

① 定款で定めた存続期間の満了
② 定款で定めた解散の事由の発生
③ 株主総会の決議
④ 合併（合併によりその株式会社が消滅する場合）
⑤ 破産手続開始の決定
⑥ 解散を命ずる裁判

【株式会社の解散から清算結了までの流れ】

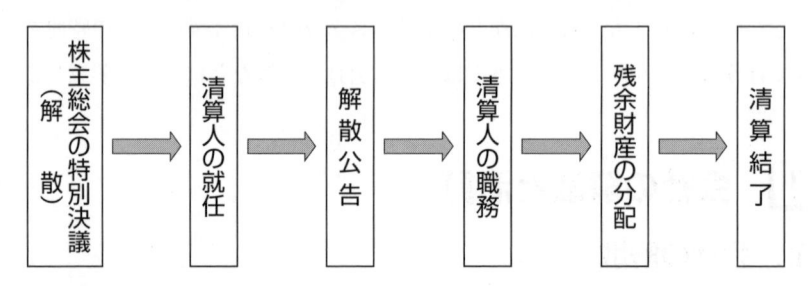

株主総会の特別決議（解散） → 清算人の就任 → 解散公告 → 清算人の職務 → 残余財産の分配 → 清算結了

2．株主総会の決議

　株式会社は株主総会の特別決議によって解散することができます。この場合には，解散の日から2週間以内に，管轄する法務局に登記を申請しなければなりません（会法926）。解散の登記は，次項3．のルールに従い，代表清算人が申請することになります。

　なお，①定款で定めた存続期間の満了，②定款で定めた解散の事由の発生，③株主総会の決議を理由として解散した株式会社は，清算が結了するまで，株主総会の決議によって，株式会社を継続することができます（会法473）。

3．清算人の就任

(1) 清算の開始

　株式会社が株主総会の決議によって解散した場合には，清算をしなければな

りません（会法475）。このような清算株式会社（清算をする株式会社）は，清算の目的の範囲内で清算が結了するまで存続します（会法476）。

(2) 清算人の就任

清算株式会社には，清算人１人以上を置かなければなりません（会法477①）。株主総会の決議によって解散した場合の清算人は，①定款で清算人が定められている場合にはその者，②株主総会の決議によって選任された者，③取締役，④該当する者がいないときは，裁判所で選任された者という順序で就任することになります（会法478①②）。

このほか，清算株式会社は，一定のルールに従って，定款の定めにより清算人会，監査役，監査役会を置くことができます（会法477③）。

4．解散公告

清算株式会社は，解散後遅滞なく，清算株式会社の債権者に対し，一定の期間（最低でも２か月以上）内にその債権を申し出るべき旨を官報に公告し，会社が把握している債権者には，個別に通知をしなければなりません（会法499①）。

5．清算人の職務

清算人は，その就任後遅滞なく，清算株式会社の財産の状況を調査し，一定のルールに従って，財産目録や貸借対照表を作らなければなりません（会法492①）。清算株式会社では，清算結了の登記のときまでの間，この財産目録や貸借対照表を保存しなければなりません（会法492④）。

また，清算人は，清算の結了に向けた事務を行います。具体的には，解散前の業務の残務処理（現務の結了），債権の取立てや債務の弁済，会社に残されている財産の分配（残余財産の分配）などを行うことになります（会法481①）。そのほか，清算人は，原則として清算株式会社の業務を執行し，清算株式会社を代表します（会法482①，483①）。

6．残余財産の分配

清算株式会社は，残余財産の分配をしようとするときは，清算人の決定（清算人会設置会社は清算人会の決議）によって，①残余財産の種類，②株主に対する残余財産の割当てに関する事項を定めなければなりません（会法504①）。

なお，清算株式会社は，原則として債務を弁済した後でなければ，その財産を株主に分配することができません（会法502）。

7．清 算 結 了

清算株式会社は，清算事務が終了したときは，遅滞なく，一定のルールに従い，決算報告を作らなければなりません（会法507①）。また，清算人は，決算報告を株主総会に提出（提供）し，その承認を受けなければなりません（会法507③）。

清算事務が終了した場合には，管轄する法務局に清算結了の登記を申請しなければなりません（会法929）。また，清算人は，清算結了の登記のときから10年間，清算株式会社の帳簿，その事業や清算に関する重要な資料を保存しなければなりません（会法508①）。

2 特別清算と破産

1．特 別 清 算

特別清算とは，一定の事情がある場合に，裁判所の監督を受けて行う清算手続をいいます。裁判所は，清算をするのに著しく支障を来たす事情があったり，債務超過（清算株式会社の財産がその債務を完済するのに足りない状態）の疑いがある場合には，債権者や清算人，株主などの申立てにより，特別清算の開始を命じます（会法510）。

2．破　　　産

株式会社が支払不能や債務超過の状態にあるときは，裁判所は，申立てによ

り破産手続を開始します（破法15①，16①）。支払不能とは，債務者が支払能力を欠くために，その債務のうち弁済期（返済期限）にあるものを，一般的かつ継続的に弁済することができない状態をいい，債務超過とは，債務者がその債務について，その財産をもって完済することができない状態をいいます。前述のとおり，株式会社は，裁判所の破産手続開始の決定により解散し，以後，裁判所などの監督を受けることになります。破産手続については，主に破産法でそのルールが決められています。

　なお，清算株式会社の財産がその債務を完済するのに足りないことが明らかになったときは，清算人は，直ちに破産手続開始の申立てをしなければなりません（会法484①）。

第9章 持分会社

株式会社以外の会社にはどのような形態がありますか。また，それぞれの会社にはどのような違いがありますか。

前述のとおり，会社法では株式会社のほか，合名会社，合資会社，合同会社のルールを定めています。また，合名会社，合資会社，合同会社を併せて持分会社と呼んでいます。本章では，持分会社の特徴や株式会社との違いなどについて解説します。

1 構成員の責任

持分会社の内容に入る前に，構成員の責任について解説します。

株式会社の構成員は株主と呼ばれていますが，持分会社の構成員は社員と呼ばれています。ただし，社員といっても企業に勤めている会社員のようなイメージではなく，その持分会社に対して出資しているような立場の人と考えられています。

会社の構成員は，どのような責任を負うかという点から大きく2つに分類することができます。

1．有限責任

有限責任とは，構成員が会社に出資した額を限度として責任を負うことをいいます。例えば，株式会社の場合には株主有限責任の原則という特徴がありましたので，構成員である株主は，自分が会社に出資した額を限度として責任を負うことになります。具体的には，万一株式会社が多額の借金を抱えて倒産（破産）してしまっても，株主は自分が出資した額を手放せば，基本的には会

社の借金を返済する必要はないということになります。

2．無限責任

　無限責任とは，文字どおり構成員が無限に責任を負うことをいいます。例えば，合名会社では社員全員が無限責任というルールになっています。具体的には，万一合名会社が借金を返済できない場合には，社員が自分の財産でその借金を返済しなければならないことを意味します。

2 持分会社の種類

1．合名会社

　構成員が無限責任社員のみの会社です。

2．合資会社

　構成員として，無限責任社員と有限責任社員がそれぞれ1名以上いる会社です。

3．合同会社

　構成員が有限責任社員のみの会社です。

3 持分会社と株式会社の比較

　持分会社と株式会社を比較すると以下のようになります。

【持分会社と株式会社の比較】

	合名会社	合資会社 無限責任社員	合資会社 有限責任社員	合同会社	株式会社
構成員	社　員				株　主
責任	無限責任	無限責任	有限責任	有限責任	有限責任
出資	労務，信用なども可	労務，信用なども可	金銭，その他の財産	金銭，その他の財産	金銭，現物出資
業務執行	原則として各社員				原則として(代表)取締役
定款変更	原則として総社員の同意				株主総会の特別決議

【巻末資料】

資料Ⅰ　株式会社定款記載例
資料Ⅱ　履歴事項全部証明書記載例

資料Ⅰ　株式会社定款記載例

（公開会社で取締役会，監査役，監査役会，会計監査人を設置している株式会社）

株式会社○○○　定款

第1章　総　則

（商号）

第1条　当会社は，株式会社○○○と称する。

（目的）

第2条　当会社は，次の事業を営むことを目的とする。

1. ○○の製造，販売及び輸出入
2. ○○の経営及びコンサルティング
3. 前各号に付帯関連する一切の業務

（本店の所在地）

第3条　当会社は，本店を横浜市に置く。

（機関）

第4条　当会社は，株主総会及び取締役のほか，次の機関を置く。

1. 取締役会
2. 監査役
3. 監査役会
4. 会計監査人

（公告の方法）

第5条　当会社の公告は，電子公告により行う。ただし，電子公告をすることができない事故その他やむを得ない事由が生じた場合は，○○新聞に掲載して行う。

第2章　株　式

（発行可能株式総数）

第6条　当会社の発行可能株式総数は，200,000,000株とする。

（単元株式数）

第7条　当会社の単元株式数は，100株とする。

(基準日)
第8条　当会社は，毎年3月31日の最終の株主名簿に記載又は記録された議決権を行使することができる株主をもって，その事業年度に関する定時株主総会において権利を行使することができる株主とする。
　2　前項のほか必要があるときは，取締役会の決議によりあらかじめ公告して臨時に基準日を定めることができる。
(株主名簿管理人)
第9条　当会社は，株主名簿管理人を置く。
　2　株主名簿管理人及びその事務取扱場所は，取締役会の決議によって定め，これを公告する。
　3　当会社の株主名簿及び新株予約権原簿の作成，備置きその他株主名簿及び新株予約権原簿に関する事務は，これを株主名簿管理人に委託し，当会社においてはこれを取り扱わない。
(株式取扱規則)
第10条　株式の名義書換及び質権の登録，株主名簿・新株予約権原簿への記載又は記録，その他株式及び新株予約権に関する取扱い及びその手数料については，取締役会において定める株式取扱規則による。

第3章　株主総会

(招集)
第11条　当会社の定時株主総会は，毎事業年度の終了後3か月以内に招集し，臨時株主総会は，必要に応じて招集する。
(招集手続)
第12条　株主総会を招集するには，株主総会の日の2週間前までに，議決権を行使することができる株主に対して招集通知を発するものとする。
(招集権者及び議長)
第13条　株主総会は，法令に別段の定めがある場合を除くほか，取締役会の決議によって取締役社長がこれを招集する。ただし，取締役社長に事故があるときは，あらかじめ取締役会において定めた順序により，他の取締役が招集する。
　2　株主総会の議長は，取締役社長がこれに当たる。取締役社長に事故があるときは，あらかじめ取締役会において定めた順序により，他の取締役が議長となる。
(株主総会の参考書類等のウェブサイトによる開示)
第14条　当会社は，株主総会の招集に際し，株主総会参考書類，事業報告，計算書類及び連結計算書類に記載又は表示すべき事項に係る情報を，法務省令に定めるところに

より，ウェブサイトによる開示により提供することができる。
（決議の方法）
第15条　株主総会の決議は，法令又は本定款に別段の定めがある場合を除き，出席した議決権を行使することができる株主の議決権の過半数をもって行う。
　　2　会社法第309条第2項に定める決議は，議決権を行使することができる株主の議決権の3分の1以上を有する株主が出席し，出席した当該株主の議決権の3分の2以上に当たる多数をもって行う。
（議決権の代理行使）
第16条　株主が代理人をもって議決権を行使しようとするときは，その代理人は1名とし，当会社の議決権を有する株主であることを要する。
　　2　前項の場合には，株主又は代理人は，代理権を証する書面を株主総会ごとに提出しなければならない。
（株主総会議事録）
第17条　株主総会の議事については，法令で定めるところにより議事録を作成し，株主総会の日から10年間当会社の本店に備え置くものとする。

第4章　取締役及び取締役会

（員数）
第18条　当会社の取締役は3名以上20名以内とする。
（選任方法）
第19条　当会社の取締役の選任は，株主総会において議決権を行使することができる株主の議決権の3分の1以上を有する株主が出席し，出席した当該株主の議決権の過半数をもって行う。
　　2　取締役の選任決議は，累積投票によらないものとする。
（任期）
第20条　取締役の任期は，選任後1年以内に終了する事業年度のうち最終のものに関する定時株主総会の終結の時までとする。
（代表取締役及び役付取締役）
第21条　取締役会は，その決議によって取締役の中から代表取締役を選定する。
　　2　取締役会は，その決議によって取締役社長1名を選定する。
　　3　取締役会は，その決議によって取締役会長，取締役副社長，専務取締役及び常務取締役若干名を選定することができる。
（取締役会の招集権者及び議長）
第22条　取締役会は，法令に別段の定めがある場合を除き，取締役会長がこれを招集し，

その議長となる。取締役会長に事故があるときは，取締役会においてあらかじめ定めた順序により，他の取締役がこれに代わる。

（取締役会の招集通知）
第23条　取締役会の招集通知は，会日の３日前までに各取締役及び各監査役に対して発する。ただし，緊急の必要があるときは，この期間を短縮することができる。
　２　取締役会は，取締役及び監査役全員の同意があるときは，招集の手続を経ないで開催することができる。

（決議の方法）
第24条　取締役会の決議は，議決に加わることができる取締役の過半数が出席し，その過半数をもって行う。

（取締役会の決議の省略）
第25条　取締役が取締役会の決議の目的である事項について提案をした場合において，当該提案につき議決に加わることができる取締役の全員が書面又は電磁的記録により同意の意思表示をしたときは，当該提案を可決する旨の取締役会の決議があったものとみなす。ただし，監査役が異議を述べたときは，この限りでない。

（取締役会議事録）
第26条　取締役会の議事については，法令で定めるところにより議事録を作成し，出席した取締役及び監査役がこれに記名押印又は電子署名を行う。

（取締役会規程）
第27条　取締役会に関する事項は，法令又は本定款のほか，取締役会において定める取締役会規程による。

（取締役の報酬等）
第28条　取締役の報酬，賞与その他の職務執行の対価として当会社から受ける財産上の利益（以下「報酬等」という。）は，株主総会の決議によって定める。

（取締役の責任免除）
第29条　当会社は，会社法第426条第１項の規定により，取締役（取締役であった者を含む。）の同法第423条第１項の損害賠償責任について，取締役会の決議をもって，法令の定める限度において免除することができる。

（社外取締役との責任限定契約）
第30条　当会社は，会社法第427条第１項の規定により，社外取締役との間に，同法第423条第１項の損害賠償責任を限定する契約を締結することができる。ただし，当該契約に基づく責任の限度額は，1,000万円以上であらかじめ定めた金額又は法令の定める最低責任限度額のいずれか高い額とする。

第5章　監査役及び監査役会

（員数）
第31条　当会社の監査役は5名以内とする。

（選任）
第32条　当会社の監査役の選任は，株主総会において議決権を行使することができる株主の議決権の3分の1以上を有する株主が出席し，出席した当該株主の議決権の過半数をもって行う。

（任期）
第33条　監査役の任期は，選任後4年以内に終了する事業年度のうち最終のものに関する定時株主総会の終結の時までとする。
　　2　任期満了前に退任した監査役の補欠として選任された監査役の任期は，退任した監査役の任期の満了する時までとする。

（常勤監査役）
第34条　監査役会は，その決議によって，監査役の中から常勤の監査役を選定する。

（監査役会の招集通知）
第35条　監査役会の招集通知は，会日の3日前までに各監査役に対して発する。ただし，緊急の必要があるときは，この期間を短縮することができる。
　　2　監査役全員の同意があるときは，招集の手続を経ないで監査役会を開催することができる。

（決議の方法）
第36条　監査役会の決議は，法令に別段の定めがある場合を除き，監査役の過半数をもって行う。

（監査役会議事録）
第37条　監査役会の議事については，法令で定めるところにより議事録を作成し，出席した監査役がこれに記名押印又は電子署名を行う。

（監査役会規程）
第38条　監査役会に関する事項は，法令又は本定款のほか，監査役会において定める監査役会規程による。

（監査役の報酬等）
第39条　監査役の報酬等は，株主総会の決議によって定める。

（監査役の責任免除）
第40条　当会社は，会社法第426条第1項の規定により，監査役（監査役であった者を含む。）の同法第423条第1項の損害賠償責任について，取締役会の決議をもって，法

令の定める限度において免除することができる。

(社外監査役との責任限定契約)
第41条　当会社は，会社法第427条第1項の規定により，社外監査役との間に，同法第423条第1項の損害賠償責任を限定する契約を締結することができる。ただし，当該契約に基づく責任の限度額は，1,000万円以上であらかじめ定めた金額又は法令の定める最低責任限度額のいずれか高い額とする。

第6章　会計監査人

(選任)
第42条　当会社の会計監査人の選任は，株主総会において議決権を行使することができる株主の議決権の3分の1以上を有する株主が出席し，出席した当該株主の議決権の過半数をもって行う。

(任期)
第43条　会計監査人の任期は，選任後1年以内に終了する事業年度のうち最終のものに関する定時株主総会の終結の時までとする。
　2　会計監査人は，前項の定時株主総会において別段の決議がされなかったときは，当該定時株主総会において再任されたものとみなす。

第7章　計　　算

(事業年度)
第44条　当会社の事業年度は，毎年4月1日から翌年3月31日までの年1期とする。

(剰余金の配当)
第45条　当会社は，株主総会の決議によって，毎年3月31日の最終の株主名簿に記載又は記録された株主又は登録株式質権者に対して，金銭による剰余金の配当を行う。

(中間配当)
第46条　当会社は，取締役会の決議によって，毎年9月30日の最終の株主名簿に記載又は記録された株主又は登録株式質権者に対して，会社法第454条第5項の規定による金銭による剰余金の配当を行うことができる。

(剰余金の配当等の除斥期間)
第47条　剰余金の配当及び前条の中間配当は，その支払開始の日から満3年を経過してもなお受領されないときは，当会社はその支払の義務を免れるものとする。
　2　配当金には利息を付けない。

資料Ⅱ　履歴事項全部証明書記載例

横浜市○○区○○町一丁目1番1号
株式会社○○○
会社法人等番号　0200-01-000000

商　　号	株式会社○○○	
本　　店	横浜市○○区○○町一丁目1番1号	
公告をする方法	当会社の公告は、電子公告により行う。 http://www.○○○.co.jp ただし、電子公告をすることができない事故その他やむを得ない事由が生じた場合は、○○新聞に掲載して行う。	平成○○年○○月○○日変更 平成○○年○○月○○日登記
会社成立の年月日	平成○○年○○月○○日	
目　　的	1．○○の製造、販売及び輸出入 2．○○の経営及びコンサルティング 3．前各号に付帯関連する一切の業務 　　平成○○年○○月○○日変更　　平成○○年○○月○○日登記	
単元株式数	100株	
発行可能株式総数	2億株	
発行済株式の総数並びに種類及び数	発行済株式の総数 　　1億株	
資本金の額	金100億円	平成○○年○○月○○日変更 平成○○年○○月○○日登記
株主名簿管理人の氏名又は名称及び住所並びに営業所	東京都○○区○○町一丁目1番1号 ○○信託銀行株式会社　本店 　　　　平成○○年○○月○○日変更　　平成○○年○○月○○日登記	

整理番号　ア000000　　　　＊　下線のあるものは抹消事項であることを示す。

資料Ⅱ　履歴事項全部証明書記載例

横浜市〇〇区〇〇町一丁目1番1号
株式会社〇〇〇
会社法人等番号　0200-01-000000

役員に関する事項	取締役	〇　〇　〇　〇	平成〇〇年〇〇月〇〇日重任
			平成〇〇年〇〇月〇〇日登記
	取締役	〇　〇　〇　〇	平成〇〇年〇〇月〇〇日重任
			平成〇〇年〇〇月〇〇日登記
	取締役	〇　〇　〇　〇	平成〇〇年〇〇月〇〇日退任
			平成〇〇年〇〇月〇〇日登記
	取締役	〇　〇　〇　〇	平成〇〇年〇〇月〇〇日重任
			平成〇〇年〇〇月〇〇日登記
	取締役	〇　〇　〇　〇	平成〇〇年〇〇月〇〇日重任
			平成〇〇年〇〇月〇〇日登記
	取締役	〇　〇　〇　〇	平成〇〇年〇〇月〇〇日重任
			平成〇〇年〇〇月〇〇日登記
	取締役	〇　〇　〇　〇	平成〇〇年〇〇月〇〇日重任
			平成〇〇年〇〇月〇〇日登記
	取締役	〇　〇　〇　〇	平成〇〇年〇〇月〇〇日重任
			平成〇〇年〇〇月〇〇日登記
	取締役	〇　〇　〇　〇	平成〇〇年〇〇月〇〇日重任
			平成〇〇年〇〇月〇〇日登記
	取締役	〇　〇　〇　〇	平成〇〇年〇〇月〇〇日重任
			平成〇〇年〇〇月〇〇日登記
	取締役	〇　〇　〇　〇	平成〇〇年〇〇月〇〇日重任
			平成〇〇年〇〇月〇〇日登記
	取締役	〇　〇　〇　〇	平成〇〇年〇〇月〇〇日重任
			平成〇〇年〇〇月〇〇日登記

整理番号　ア000000　　　＊　下線のあるものは抹消事項であることを示す。

横浜市〇〇区〇〇町一丁目1番1号
株式会社〇〇〇
会社法人等番号　０２００−０１−０００００○

	取締役	〇　〇　〇　〇	平成〇〇年〇〇月〇〇日就任
			平成〇〇年〇〇月〇〇日登記
	取締役	〇　〇　〇　〇	平成〇〇年〇〇月〇〇日就任
			平成〇〇年〇〇月〇〇日登記
	取締役	〇　〇　〇　〇	平成〇〇年〇〇月〇〇日就任
			平成〇〇年〇〇月〇〇日登記
	横浜市〇〇区〇〇町二丁目2番2号 代表取締役　〇　〇　〇　〇		平成〇〇年〇〇月〇〇日重任
			平成〇〇年〇〇月〇〇日登記
	横浜市〇〇区〇〇町二丁目2番2号 代表取締役　〇　〇　〇　〇		平成〇〇年〇〇月〇〇日重任
			平成〇〇年〇〇月〇〇日登記
	横浜市〇〇区〇〇町二丁目2番2号 代表取締役　〇　〇　〇　〇		平成〇〇年〇〇月〇〇日重任
			平成〇〇年〇〇月〇〇日登記
	神奈川県〇〇市〇〇町三丁目3番3号 代表取締役　〇　〇　〇　〇		平成〇〇年〇〇月〇〇日重任
			平成〇〇年〇〇月〇〇日登記
	神奈川県〇〇市〇〇町三丁目3番3号 代表取締役　〇　〇　〇　〇		平成〇〇年〇〇月〇〇日退任
			平成〇〇年〇〇月〇〇日登記
	東京都〇〇区〇〇町四丁目4番4号 代表取締役　〇　〇　〇　〇		平成〇〇年〇〇月〇〇日就任
			平成〇〇年〇〇月〇〇日登記
	監査役　　〇　〇　〇　〇 （社外監査役）		平成〇〇年〇〇月〇〇日重任
			平成〇〇年〇〇月〇〇日登記
	監査役　　〇　〇　〇　〇 （社外監査役）		平成〇〇年〇〇月〇〇日重任
			平成〇〇年〇〇月〇〇日登記
	監査役　　〇　〇　〇　〇		平成〇〇年〇〇月〇〇日就任
			平成〇〇年〇〇月〇〇日登記

整理番号　ア０００００○　　　　＊　下線のあるものは抹消事項であることを示す。

資料Ⅱ　履歴事項全部証明書記載例

横浜市○○区○○町一丁目１番１号
株式会社○○○
会社法人等番号　０２００－０１－００００００

	監査役 （社外監査役）	○　○　○　○	平成○○年○○月○○日就任
			平成○○年○○月○○日登記
	<u>会計監査人</u>	<u>○○監査法人</u>	平成○○年○○月○○日重任
			平成○○年○○月○○日登記
	<u>会計監査人</u>	<u>○○監査法人</u>	平成○○年○○月○○日重任
			平成○○年○○月○○日登記
	<u>会計監査人</u>	<u>○○監査法人</u>	平成○○年○○月○○日重任
			平成○○年○○月○○日登記
	会計監査人	○○監査法人	平成○○年○○月○○日重任
			平成○○年○○月○○日登記
取締役等の会社に対する責任の免除に関する規定	当会社は、会社法第４２６条第１項の規定により、取締役（取締役であった者を含む。）の同法第４２３条第１項の損害賠償責任について、取締役会の決議をもって、法令の定める限度において免除することができる。 　当会社は、会社法第４２６条第１項の規定により、監査役（監査役であった者を含む。）の同法第４２３条第１項の損害賠償責任について、取締役会の決議をもって、法令の定める限度において免除することができる。 　　　　　　　　　平成○○年○○月○○日設定　　平成○○年○○月○○日登記		
非業務執行取締役等の会社に対する責任の制限に関する規定	当会社は、会社法第４２７条第１項の規定により、社外取締役との間に、同法第４２３条第１項の損害賠償責任を限定する契約を締結することができる。 　ただし、当該契約に基づく責任の限度額は、１０００万円以上であらかじめ定めた金額又は法令の定める最低責任限度額のいずれか高い額とする。 　当会社は、会社法第４２７条第１項の規定により、社外監査役との間に、同法第４２３条第１項の損害賠償責任を限定する契約を締結することができる。 　ただし、当該契約に基づく責任の限度額は、１０００万円以上であらかじめ定めた金額又は法令の定める最低責任限度額のいずれか高い額とする。 　　　　　　　　　平成○○年○○月○○日設定　　平成○○年○○月○○日登記		
取締役会設置会社に関する事項	取締役会設置会社 　　　　　　　　　　　　　　　　　　　平成１７年法律第８７号第１３６条の規定により平成１８年５月１日登記		
監査役設置会社に関する事項	監査役設置会社 　　　　　　　　　　　　　　　　　　　平成１７年法律第８７号第１３６条の規定により平成１８年５月１日登記		
監査役会設置会社に関する事項	監査役会設置会社 　　　　　　　　　　　　　　　　　　　平成○○年○○月○○日登記		

整理番号　ア０００００　　　　＊　下線のあるものは抹消事項であることを示す。

横浜市〇〇区〇〇町一丁目１番１号
株式会社〇〇〇
会社法人等番号　０２００－０１－０００００

会計監査人設置会社に関する事項	会計監査人設置会社　　　　　　　　　　　　　　　　　　　平成〇〇年〇〇月〇〇日登記
登記記録に関する事項	平成元年法務省令第１５号附則第３項の規定により　　　　　平成〇〇年〇〇月〇〇日移記

　　　　これは登記簿に記載されている閉鎖されていない事項の全部であることを証明
　　　した書面である。
　　　　（横浜地方法務局管轄）
　　　　　　　　　　　　平成〇〇年〇〇月〇〇日
　　　　　　　　　〇〇地方法務局〇〇支局
　　　　　　　　　登記官　　　　　　　　　　　〇〇〇〇　　印

　　整理番号　ア０００００　　　　＊　下線のあるものは抹消事項であることを示す。

参考文献

・近藤光男・志谷匡史・石田眞得・釜田薫子著「基礎から学べる会社法」(第3版) 弘文堂　2014年
・江頭憲治郎著「株式会社法」(第5版) 有斐閣　2015年
・神田将著「図解による会社法・商法のしくみ」(第5版) 自由国民社　2014年
・坂本三郎編著「一問一答　平成26年改正会社法」商事法務　2014年
・二重橋法律事務所編「Q&A　平成26年改正会社法」一般社団法人金融財政事情研究会　2014年
・江頭憲治郎・岩原紳作・神作裕之・藤田友敬編「会社法判例百選」(第2版) 有斐閣　2011年
・田村洋三監修「会社法定款事例集」(日本加除出版)　2009年
・㈱日本政策金融公庫ホームページ

索　引

（あ行）

委任契約 …………………………… 14
営利 ………………………………… 6
親子会社に関する規律の整備 ……… 1

（か行）

会計監査人 ………………………… 96
会計参与 …………………………… 94
会社 ………………………………… 7
株券の交付 ………………………… 50
株式移転 …………………………… 164
株式買取請求権 …………………… 46
株式交換 …………………………… 160
株式譲渡自由の原則 ……………… 49
株式の分割 ………………………… 61
株式の併合 ………………………… 61
株式発行の差止請求権 …………… 115
株式無償割当て …………………… 62
株式名簿の名義書換 ……………… 50
株主 ………………………………… 9
株主総会 …………………………… 73
株主総会における議決権 ………… 35
株主総会の特別決議 ………… 133,170
株主代表訴訟 ……………………… 102
株主の消却 ………………………… 60
株主平等原則 ……………………… 37
株主名簿 …………………………… 47
株主名簿管理人 …………………… 47
株主有限責任の原則 ……………… 9
監査委員会 ………………………… 99
監査等委員会 ……………………… 97
監査等委員会設置会社 …………… 97
監査役 ……………………………… 89
監査役会 …………………………… 93
間接金融 …………………………… 109
議案 ………………………………… 77
機関 ………………………………… 13
基準日 ……………………………… 48
基準日株主 ………………………… 48
議題 ………………………………… 76
吸収合併 ……………………… 143,151
競業避止義務 ……………………… 87
共益権 ……………………………… 36
金庫株 ……………………………… 56
決議取消しの訴え ………………… 81
決議不存在確認の訴え …………… 81
決議無効確認の訴え ……………… 81
公開会社 …………………………… 70
公告 ………………………………… 131
公証人の認証 ……………………… 24
コーポレート・ガバナンスの強化 … 1
雇用契約（労働契約） …………… 13

（さ行）

残余財産の分配（会社が解散した時
　の財産の分配）を受ける権利 … 35,172
CSR ………………………………… 15
自益権 ……………………………… 35
自己株式の取得 …………………… 56
自己新株予約権 …………………… 121
資本金 ……………………………… 132

資本準備金 ……………………… 134	忠実義務 ………………………… 86
資本制度 ………………………… 10	中小会社 ………………………… 70
指名委員会 ……………………… 99	直接金融 ………………………… 107
指名委員会等設置会社 ………… 99	定款 ……………… 21,45,47,48,59,64,65,
社債 ……………………………… 121	66,71,91,105,107
種類株式 ………………………… 37	定時株主総会 …………………… 74
上場 ……………………………… 33	特別決議 ………………………… 79
少数株主権 ……………………… 36	特別清算 ………………………… 172
剰余金の配当（利益配当）を受ける	特別法は一般法に優先する …… 4
権利 …………………………… 35	取締役 …………………………… 82
所有と経営の分離 ……………… 14	取締役会 ………………………… 88
新株発行の無効の訴え ………… 116	取締役会設置会社 ……………… 71
新株予約権 ……………………… 116	取締役会非設置会社 …………… 71
新株予約権付社債 ……………… 123	
新設合併 ………………… 143,151	**（な行）**
ストックオプション …………… 116	任務懈怠責任 …………………… 101
清算人 …………………………… 171	
絶対的記載事項 ………………… 23	**（は行）**
設立登記 ………………………… 25	発行可能株式総数 ……………… 115
善管注意義務 …………………… 86	発行可能種類株式総数 ………… 38
相互保有株式 …………………… 77	発行する各種類の株式の内容 … 38
相対的記載事項 ………………… 23	非公開会社 ……………………… 70
創立総会 ………………………… 29	一株一議決権の原則 ………… 63,77
組織変更 ………………………… 140	普通決議 ………………………… 79
損益計算書 ……………………… 127	分配可能額 ……………………… 136
	報酬委員会 ……………………… 99
（た行）	法人格否認の法理 ……………… 8
大会社 …………………………… 70	発起人 …………………………… 21
対抗要件 ………………………… 50	
貸借対照表 ……………………… 127	**（ま行）**
単元株式制度 …………………… 64	無限責任 ………………………… 176
単独株主権 ……………………… 36	目的 ……………………………… 10
中間配当 ………………………… 136	持分会社 ………………………… 7

193

(や行)

有限責任 …………………………… 175

(ら行)

利益準備金 ………………………… 134

利益相反取引 ……………………… 87
臨時株主総会 ……………………… 74

著 者 紹 介

三浦　真弘（みうら　まさひろ）

司法書士・行政書士。フェリス女学院大学国際交流学部非常勤講師（商法・会社法）。三浦真弘司法書士・行政書士事務所所長。神奈川県司法書士会中小企業支援研究委員会委員長。2001年1月行政書士試験合格。2002年3月明治大学政治経済学部経済学科卒業。2003年11月司法書士試験合格。2005年2月司法書士登録。2008年8月行政書士登録。

「法律をもっと身近に」をテーマに，神奈川県藤沢市で三浦真弘司法書士・行政書士事務所を開業。各種登記手続，裁判手続をはじめ，中小企業の経営法務支援や創業支援に取り組む。弁護士，公認会計士，税理士などの専門家とともに会社再建に関する手続にも携わり，関東だけでなく各地に関与先がある。また，書籍の執筆，ラジオ出演，市民向けセミナーや専門家向け研修会での講演など，法律のメッセージを届ける活動も行っている。2014年度より，フェリス女学院大学で「商法・会社法」の授業を担当。

Web site　http://www.miuraoffice.com/
Facebook　https://www.facebook.com/miuraoffice

カバーデザイン：ロビンソン・ファクトリー　川原田　良一

著者との契約により検印省略

平成27年9月10日　初版第1刷発行	やさしく学べる 会社法入門

著　者	三　浦　真　弘
発行者	大　坪　嘉　春
印刷所	税経印刷株式会社
製本所	牧製本印刷株式会社

発行所　〒161-0033 東京都新宿区　　株式　税務経理協会
　　　　下落合2丁目5番13号　　　　会社
　　　振　替　00190-2-187408　　　電話　(03)3953-3301（編集部）
　　　ＦＡＸ　(03)3565-3391　　　　　　　(03)3953-3325（営業部）
　　　　　URL　http://www.zeikei.co.jp/
　　　　乱丁・落丁の場合は，お取替えいたします。

Ⓒ　三浦真弘　2015　　　　　　　　　　　　Printed in Japan

本書の無断複写は著作権法上での例外を除き禁じられています。複写される
場合は，そのつど事前に，（社）出版者著作権管理機構（電話 03-3513-6969，
FAX 03-3513-6979, e-mail : info@jcopy.or.jp）の許諾を得てください。

JCOPY　＜（社）出版者著作権管理機構　委託出版物＞

ISBN978-4-419-06259-0　C3032